什么是马克思主义

主　　编　闫　玉
副 主 编　孔德生　王雪军
本册作者　马金玉

中华工商联合出版社

图书在版编目（CIP）数据

什么是马克思主义 / 马金玉编著. --北京：中华
工商联合出版社，2014.3
ISBN 978-7-80249-970-6

Ⅰ．①什… Ⅱ．①马… Ⅲ．①马克思主义哲学－青年
读物②马克思主义哲学－少年读物 Ⅳ．①B0-0

中国版本图书馆 CIP 数据核字（2014）第 034661 号

什么是马克思主义

作　　者：马金玉
出 品 人：徐　潜
策划编辑：魏鸿鸣
责任编辑：林　立
封面设计：徐　超
责任审读：李　征
责任印制：迈致红
出版发行：中华工商联合出版社有限责任公司
印　　刷：固安县云鼎印刷有限公司
版　　次：2014 年 4 月第 1 版
印　　次：2021 年 10 月第 2 次印刷
开　　本：155mm×220mm　1/16
字　　数：56 千字
印　　张：8.75
书　　号：ISBN 978-7-80249-970-6
定　　价：38.00 元

服务热线：010－58301130
销售热线：010－58302813
地址邮编：北京市西城区西环广场 A 座
　　　　　19－20 层，100044
http://www.chgslcbs.cn
E-mail：cicap1202@sina.com（营销中心）
E-mail：gslzbs@sina.com（总编室）

工商联版图书
版权所有　侵权必究

凡本社图书出现印装质量
问题，请与印务部联系。
联系电话：010－58302915

目 录 *Contents*

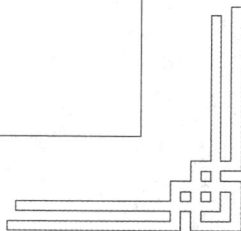

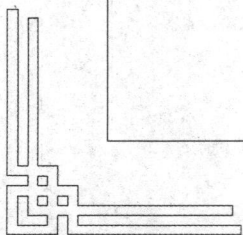

一、马克思主义概述

在人类历史发展的长河中，曾经有过那么多辉煌的创造和惊人的发现，但是它们都没能像马克思、恩格斯所创立的马克思主义那样，在整个人类思想界引起了巨大的震颤，甚至是不赞同或者敌视马克思主义的政治力量都无法否认这个事实。而对于那些刚从中世纪宗教神学束缚下走出来的人们，则在根本上动摇了他们的传统观念，改变了他们对于自然、社会和人类自身的思维方式；对于全世界的人们来说，马克思主义开辟了人类思想史的新纪元。

在人类即将迈入 21 世纪的时候，英国广播公司（BBC）在全球范围内举行过一次"千年思想家"的网上评选。结果，马克思位列榜首。在有人高唱着马克思主义"过时论"、社会主义"终结论"的今天，这个评选结果的确发人深省。马克思逝世已经一百多年，作为一个伟大的思想家，他所创立的学说能够产生如此广泛而深远的影响，表明了以他命名的马克思主义本身所具有的无穷的思想魅力。马克思主义从产生到现在，随着时间的流逝、历史的演进而日益深入人心，显示出前所未有的生命力。正如邓小平所说的："我坚信，世界上赞成马克思主义的人会多起来的，因为马克思主义是科学。"马克思主义是不断发展的科学理论体系，它虽然诞生于 19 世纪的欧洲，却跨越了时间和地域的界限从而影响了全人类和全世界。马克思主义是关于无产阶级和人类解放的科学，它的产生实现了人类认识史上划时代的伟大变革，在人类思想史上树起了前无古人的不朽丰碑。

　　什么是马克思主义？对于这个问题根据不同的角度、不同的角色，可以从三个方面回答。首先，从它的创造者、继承者的认识成果讲，马克思主义是由马克思、恩格斯创立的，并由后来的马克思主义者根据不同的国情而继承和发展的观点和学说；其次，从它的阶级属性讲，马克思主义是指导无产阶级争取自身解放和整个人类解放的科学理论，是关于无产阶级斗争的性质、目的和解放条件的学说；最后，从它的研究对象和主要内容讲，马克思主义是无产阶级的科学世界观和方法论，是关于自然、社会和思维发展的普遍规律的学说，是关于资本主义发展、衰落和最终转变为社会主义，以及社会主义最终达到共产主义发展的普遍规律的学说。总之，马克思主义是由一系列的基本理论、基本观点和基本方法构成的一个完整的科学体系。其中，马克思主义哲学、马克思主义政治经济学和科学社会主义是马克思主义理论体系中不可分割的三个主要组成部分。

关于马克思主义这一概念，其实它早在马克思在世的时候就已经被广泛使用了，而马克思主义也包括了狭义和广义两个方面。从狭义上说，马克思主义即马克思、恩格斯创立的基本理论、基本观点和学说体系。至于为什么用马克思的名字命名这一理论，恩格斯在1886年作了说明，他说："我不能否认，我和马克思共同工作了四十年，在这以前和这个期间，我在一定程度上独立地参加了这一理论的创立，特别是对这一理论的阐发。但是绝大部分的基本指导思想（特别是在经济和历史领域内），尤其是对这些指导思想的最后的明确的表述，都是属于马克思的。我所提供的，马克思没有我也能做到，至多有几个专门的领域除外。至于马克思所做到的，我却做不到。马克思比我们大家都站得高些，看得远些，观察得多些和快些。马克思是天才，我们至多是能手。没有马克思，我们的理论远不会是现在这个样子。所以这个理论用他的名字命名是理所当然的。"从广义上说，马克思主义不仅指马克思、恩格斯创立的基本理论、基本观点和学说体系，也包括继承者对它的发展，即在实践中不断发展着的马克思主义，如：列宁主义、毛泽东思想和中国特色社会主义理论体系等。

作为中国共产党和中国特色社会主义事业指导思想的马克思主义，就是从广义上理解的马克思主义。它既包括了由马克思、恩格斯所创立的马克思主义的基本理论、基本观点、基本方法；也包括了经列宁等对其继承和发展，并由其将马克思主义推进到了新的阶段，再由毛泽东、邓小平、江泽民、胡锦涛等为主要代表的中国共产党人将其与中国具体实际相结合，进一步丰富和发展的马克思主义即毛泽东思想和中国特色社会主义理论体系。

马克思主义给人类提供了正确的世界观和科学的方法论。因此，马克思主义是无产阶级的信仰，而我们也说，马克思主义是一套完整的科学理论体系。经常会有人问这样一个问题：马克思主义到底是信仰呢，还是科学呢？其实，这两者并不矛盾，因为马克思主义本身

就是一套科学的理论体系，它为现在和后来的人们提供了一种正确的世界观、方法论。所以说，马克思主义是一种科学的信仰或者说信仰的科学。

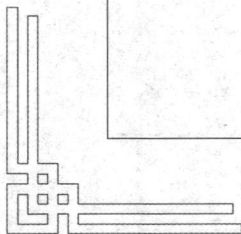

二、马克思主义的产生及在实践中的不断发展

（一）马克思主义产生的时代背景

马克思主义产生于 19 世纪 40 年代。它的产生不是历史的偶然，而是一定历史阶段下经济、政治和思想文化发展到一定阶段的必然产物，同时也是马克思、恩格斯的革命实践活动和理论创造活动的结晶。

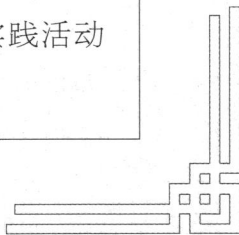

梅林在 1893 年写作的《论历史唯物主义》中深刻地指出："唯物主义历史观是服从于它自己所制定的那个历史运动规律的。它是历史发展的产物。在较早的时代，它是不会被任何最伟大天才的头脑虚构出来的，只有达到一定高度时，人类历史才能揭开它自己的秘密。"不仅是历史唯物主义，就是整个马克思主义都是历史时代的产物。历史时代是在全世界范围内，以当时社会发展的某种主导趋势来划分社会发展阶段的综合概念。马克思主义产生于资本主义社会化大生产已经成为主导趋势，并且资本主义社会内部各种社会矛盾已经充分显露，而且无产阶级以独立的政治力量登上历史舞台争取自身和人类解放的斗争的历史时代。

从 17 世纪 40 年代～19 世纪上半叶，英国和法国等主要的西欧国家相继爆发了资产阶级革命，推翻了封建专制制度，从而清除了资本主义发展道路上的障碍，使资本主义得到迅速发展。18 世纪 60 年代英国开始了从手工工场向机器大生产的转变，这拉开了工业革命的序幕，到 19 世纪 30～40 年代，英国率先完成了第一次工业革命，各个工业部门基本上实现了机械化，建立了大机器生产的工厂制。当时英国一个国家制造着全世界所需要的绝大部分工业产品，被称为"世界工厂"；法国资本主义经济发展起步虽然比英国落后了半个世纪，但从 1789 年资产阶级大革命以后，特别是 1830 年七月革命以后，法国的资本主义经济也获得了长足发展，从而进入了资本主义时代；德国虽然在经济上落后于英、法两国，到 19 世纪初只有少数工厂，但在 30～40 年代开始的工业革命中，资本主义经济也获得了飞跃性发展。

资本主义机器大生产的发展，一方面，大大发展了生产力，提高了劳动生产率，带来了物质财富的空前增长；另一方面，这又导致了资本主义本身固有矛盾的充分暴露，而这个矛盾就是：生产的社会化和生产资料私人占有之间的矛盾。这个矛盾表现为个别工厂生产的有组织性和整个社会生产的无政府状态之间的矛

盾，表现为生产无限扩大的趋势和劳动人民有支付能力的需求相对缩小的趋势之间的矛盾，就是这些矛盾导致了必然性的周期性的经济危机。从 1857 年第一次世界性的经济危机发生以来，资本主义国家频繁地遭受周期性的经济危机的冲击。资本主义的生产关系和生产力之间的矛盾已经发展到十分尖锐的程度，不断发展的生产力已经开始起来反对资本主义的生产关系。当然，由于资本主义制度具有一定的自我调节功能，特别是在第二次世界大战以后，垄断资产阶级通过对生产关系和上层建筑的局部调整，使这些矛盾有所缓和，所以，资本主义制度至今也还有某种存在的合理性。可是，资本主义本身所具有的这些弊病却不是仅仅通过局部调整或者改革就可以消除的，它是一种本身所固有的、不可调和和消除的矛盾。

资本主义基本矛盾的激化，在阶级关系上就表现为工人阶级和资产阶级之间矛盾的尖锐化。到了 19 世纪 30～40 年代，西欧社会的主要矛盾从劳苦大众与封建势力的矛盾转化为工人阶级与资产阶级之间的矛盾，工人阶级在政治斗争中已经从资产阶级反对封建势力的同盟军发展到资产阶级的对立面，从而以独立的政治力量登上了历史的舞台，展开了轰轰烈烈的反对资本主义制度和资产阶级统治的斗争。1831 年和 1834 年，法国里昂工人先后两次进行武装起义，明确提出了"建立共和国"的口号。里昂工人起义揭开了工人运动史上的第一页，标志着法国工人已经在斗争中明确提出国家政权问题，开始走上独立地进行政治斗争的道路。1836 年，英国开始了"人民宪章"运动，这个运动从 1836 年开始～19 世纪 40 年代末为止，先后经历了三次高潮，这是全国性的工人阶级争取政治权力的运动，标志着英国工人阶级已经作为一支强大的生力军走上了独立政治运动的舞台。1844 年，德国西里西亚的工人发动了起义，这是一次直接反对资本家残酷剥削的斗争，斗争目标明确地对准了私有制，提出了消灭私有制的口号。这些工人阶级反对资产阶级的政治斗争运动，是由他们受剥削、

受压迫的极端贫困的状况和地位引起的，但工人阶级不仅仅是一个受苦受难的阶级，而且是一个有着强大的生命力和具有反抗精神的革命的阶级，肩负着社会主义建设的历史使命，是资本主义制度的掘墓人。因此，工人阶级迫切需求一种理论，一种指导思想，这种理论和思想能够正确地阐明他们的历史地位和历史作用，给他们指明推翻资本主义旧世界、建设社会主义和共产主义新世界的方向和道路，而马克思、恩格斯正是适应工人阶级解放斗争的需要和时代的需求，在实践和探索的基础上创立马克思主义的。

总之，马克思主义是时代的产物。资本主义的发展及其内在矛盾的尖锐化，为马克思主义的产生提供了客观条件；而工人阶级作为一支独立的政治力量登上历史舞台，进行反对资本主义制度和资产阶级统治的斗争，则为马克思主义的产生准备了阶级基础；英国、法国、德国的工人运动则为马克思主义的产生提供了理论和实践准备。马克思主义的产生是历史时代赋予的一项伟大任务。时代的需要本身既孕育着马克思主义产生的可能性，又包含着使这种可能性变为现实性的必要性。正如马克思所说："人类始终只能提出自己能够解决的任务，因为只要仔细考察就可以发现，任务本身，只有在解决它的物质条件已经存在或者至少是在生成过程中的时候，才会产生。"

（二）马克思主义是人类优秀文化的结晶

说马克思主义是时代的产物，只是说，资本主义经济社会的发展及其矛盾运动，为马克思主义的产生提供了客观条件，而无产阶级与资产阶级的斗争则对马克思主义的产生提出了现实的需求。这样的时代背景和实践要求只是为马克思主义的产生提供了可能性。这些客观条件不会自动地产生任何新的理论和学说，换句话说，这些可能性就好比是为一颗种子的萌

发提供了适宜的环境。但是，只有这些客观条件是远远不够的，正如，再适宜的环境如果没有种子也不能长出一棵新生命。这些可能性只有通过马克思、恩格斯的革命实践和对人类文明成果的继承与创新，才会变成现实。

马克思、恩格斯之所以能创立马克思主义，除了客观条件之外，还与他们的主观努力分不开。

卡尔·马克思（1818～1883 年）诞生在普鲁士莱茵省特里尔城的一个律师家庭。在中学时代，马克思就立志选择"最能为人类而工作的职业"；1841 年大学毕业后，马克思在《莱茵报》上发表多篇论文，积极为政治上和社会上备受压迫的贫苦群众的利益进行辩护；而当他实现了由唯心主义向唯物主义、由革命民主主义向共产主义的思想转变以后，就自觉地站在工人阶级的立场上，对"劳动生产了宫殿，但是给工人生产了棚舍"的现状作了有力的鞭挞，对"把我们文明社会的这些'野蛮人'变成人类解放的实践因素"充满了信心。

弗里德里希·恩格斯（1820～1895年）出生于普鲁士莱茵省巴门市的一个工厂主家庭。他17岁时，由于父亲的坚持而辍学习商，这使恩格斯有更多的机会接触穷苦的工人群众。他在《英国工人阶级状况》一书中揭露了资本家对工人群众的残酷剥削，同时也表达了对工人阶级悲惨生活状况的深切同情，他告诉工人们："我愿意在你们的住宅中看到你们，观察你们的日常生活，同你们谈谈你们的状况和你们的疾苦，亲眼看看你们为反抗你们的压迫者的社会的和政治的统治而进行的斗争。"

马克思、恩格斯积极参加和指导工人运动进行反对资本主义制度、争取工人阶级解放的阶级斗争，投入到创立无产阶级政党、组织无产阶级队伍的活动中去，同工人运动中的各种机会主义思潮进行不懈的斗争。他们把毕生的使命都和发展、壮大无产阶级革命事业密切的联系在一起。从19世纪40年代后半期马克思、恩格斯创建"共产主义者同盟"开始，经过60年代中期创立和领导的第一国际，一直

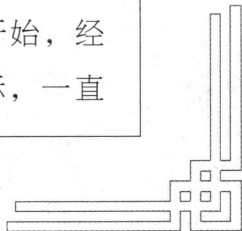

到恩格斯晚年创立和领导第二国际的活动，指引和促进欧美无产阶级革命斗争和政党的发展为止，在这半个世纪的历程中，马克思、恩格斯始终处在开创和推进国际共产主义运动斗争的前沿，积极参与并领导了国际无产阶级反对资产阶级和资本主义制度的斗争。马克思、恩格斯的生平事业和无产阶级革命斗争所具有的这种紧密联系，是他们创立马克思主义的重要条件。

因为马克思和恩格斯并不是天生的马克思主义者，所以他们在创立马克思主义的过程中也实现了自己由唯心主义者向唯物主义者的彻底转变的过程。

马克思和恩格斯由唯心主义转向唯物主义、由革命民主主义转向共产主义，开始的时间都差不多，但他们的途径并不完全一样。马克思是从总结《莱茵报》工作时期的斗争经验，批判黑格尔法哲学，抓住市民社会和国家关系问题进行哲学剖析开始到发表在《德法年鉴》上的论文这样逐步完成的；而恩格斯则是通过深入了解工人生活、直接参加工人运动，通过研究英国的经济生活和政治发展、批判资产阶级政治经济学的途径来完成的。

尽管途径不完全相同，但是，马克思、恩格斯之所以能够完成世界观和政治立场的根本转变，除了客观条件以外，在主观条件上，他们却有着很多的共同点，这就是他们能紧紧把握住时代的脉搏，与工人阶级和劳动人民同呼吸共命运，把无产阶级的解放事业作为自己最崇高的事业；他们具有渊博的知识，严谨的科学态度，精密的科学方法和对待科学事业不畏劳苦的拼搏精神。客观条件加上这些共同点使马克思、恩格斯成了站在时代最前列的时代旗手。

科学学说的诞生，总是站在巨人的肩上。马克思主义的诞生也是如此。马克思主义的创立除了经济条件、阶级基础等客观因素和马克思、恩格斯的主动努力之外，它更需要思想和理论的来源。马克思、恩格斯在创立马克思主义的时候，批判地继承了全人类的文化遗产，

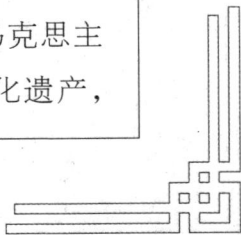

特别是批判继承了近代自然科学和社会科学的重大成果。

18 世纪下半叶～19 世纪三四十年代，自然科学有了很大发展，自然科学的重大成果极大地冲击和动摇了形而上学自然观的根基，为马克思主义的产生奠定了坚实的自然科学基础。这些自然科学的成就，主要是康德和拉普拉斯的云星假说、由无机物合成有机物的转化理论、化学元素周期表、胚胎学和生理学，特别是能量守恒和转化定律、细胞学说和生物进化理论等这些理论的支撑。

上述这些自然科学的新发现，揭示了自然界和一切事物及现象之间的辩证关系，从无机界到有机界、从植物到动物、从自然界到人类社会、从低级运动形态到高级运动形态之间，都存在着有机的联系；证明了物质世界绝不是一成不变的，而是按照其固有的客观规律永恒运动、变化和发展的。这就为马克思主义的创立提供了自然科学的论证。

马克思主义的创立还批判地继承和发展了

近代社会科学的优秀成果，尤其是在批判地继承、吸收德国古典哲学、英国古典政治经济学和法国、英国的空想社会主义合理成分的基础上，在深刻分析资本主义社会的发展趋势和科学总结工人阶级斗争实践基础上创立和发展起来的。

德国古典哲学最具代表性的人物是黑格尔（1770～1831年）和费尔巴哈（1804～1872年）。黑格尔在他的哲学体系中，第一次试图把整个自然界、历史和精神的世界描述为运动和发展的，并努力揭示这种运动和发展的内在联系。这种辩证法思想是黑格尔哲学体系的"合理内核"。但是，黑格尔是唯心主义者，在他看来，人们头脑中的思想不是现实事物及其发展过程的反映，而是在世界出现之前就已经存在的"绝对观念"发展到一定阶段的产物。这样，一切都被头足倒置了，世界的现实联系完全被颠倒了。因而，他的辩证法是唯心主义的、不彻底的，所以没有被马克思所完全接受。

　　费尔巴哈把自然界和人当做哲学的出发点，大胆地批判了黑格尔的客观唯心主义的哲学体系，提出了自然是不依赖任何人的观念而存在的，它是人类赖以生存的基础。他认为，在自然界和人以外不存在任何东西。宗教幻想创造出来的那些最高存在物只是人的本质的幻想的反映。但是，由于费尔巴哈根本不了解实践活动的本质意义，离开了人的社会性和历史性，不能正确理解人的本质，所以只能从抽象的人出发去考察历史，在社会历史领域再次陷入了唯心主义的泥潭。资产阶级古典政治经济学的代表人物是亚当·斯密（1723～1790 年）和大卫·李嘉图（1772～1823 年）。他们研究了资产阶级生产关系的内部联系，对资本主义社会发展的规律进行了探讨，他们认为经济生活同自然界一样，都是受"自然规律"支配的。他们提出价值是由劳动创造的，并对资本主义社会的阶级关系进行了初步探讨。但是，一涉及资本主义历史命运问题，他们的"公正性"就不复存在了。一方面，他们把资本看作是一种永恒的自然关系；另一方面，他们又极力掩饰工业革命过程中就已初露端倪的资本主义生产力和生产关系之间的尖锐冲突，断然否定资本主义存在普遍的生产过剩的经济危机的可能性。他们在历史和时代发展问题上持有资产阶级的立场、运用反社会和反历史的方法，所以他们最后得出的也只能是与社会经济发展实际相悖的理论观点。然而，随着资本主义社会的阶级斗争日益尖锐化，使得资产阶级古典政治经济学的阶级局限性和历史片面性充分地暴露出来。

在资产阶级哲学家、经济学家面对历史和时代发展的难题一筹莫展、困惑不解时，法国和英国的空想社会主义者对资本主义制度作了深刻的批判，对未来取代资本主义社会的社会主义作了许多构想。空想社会主义的主要代表是法国的昂立·圣西门（1760～1825年）、沙尔·傅立叶（1772～1837年）和英国罗伯特·欧文（1771～1858年）。这三位思想家具有同资本主义旧制度决裂的理论勇气，具有为新世

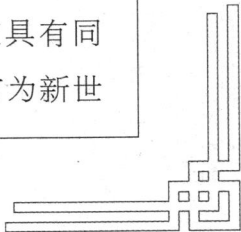

界的到来而努力奋斗的善良愿望。他们对资本主义社会作了深刻的批判，阐述了新的社会制度产生的必然性，表达了建立新的社会制度的热切愿望。但是，他们在对世界历史发展动力和资本主义社会前途等重大问题的理解上，仍然没有能够突破前人的桎梏，依旧在原地转圈。他们揭露了资本主义制度的种种矛盾，但未能从世界历史发展趋势的高度科学地阐明这些矛盾产生的历史必然性；他们预见到资本主义制度必然被一种新的社会制度所取代，并详尽地描绘未来社会的具体细节和美好图景，但未能阐释出这一历史过渡的现实基础和实行这一变革的物质力量。

19 世纪 40～60 年代，马克思、恩格斯批判地继承了前人的成果，创立了唯物史观和剩余价值学说，实现了人类思想史上的一次伟大革命。他们在这一时期创立了马克思主义，对人类先进思想已经提出的种种问题作了批判分析，对资本主义时代发展提出的理论课题作了科学的论述。马克思主义哲学为认识历史和时代问题提供了一种崭新的世界观和方法论。马克思主义政治经济学通过对资本主义生产方式和内在矛盾、运行机制和发展规律的深刻分析，揭示了资本主义剥削的秘密和它被社会主义必然代替的历史命运。科学社会主义在唯物史观和剩余价值论两大发现的基础上，阐明了由资本主义社会转变为社会主义社会最后到共产主义社会的客观规律；阐明了无产阶级的历史使命并最终获得解放的发展结局，使社会主义由空想变为科学，由科学变为实践，由实践变为现实。

从马克思、恩格斯的思想发展历程可以看到，他们通过孜孜不倦的科学研究和革命的实践，批判地吸收人类思想史上已有的优秀成果，在已有的人类优秀文化遗产的基础上，实现了人类思想史上的伟大革命。马克思主义绝不是离开世界文明大道而凭空创造的故步自封、僵化不变的学说，而是在综合人类思想成果和总结当代的实践经验的基础上形成的，也是在实践运用中不断得到验证和发展的科学学说。

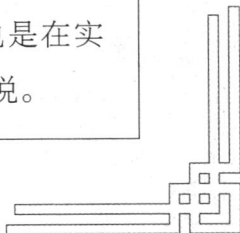

（三）马克思主义在实践中不断发展

有生命力的科学理论必定是在生存中谋发展，发展中谋生存的。马克思主义，它是有生命力的科学理论。它产生于实践，并在实践中不断丰富和发展。马克思主义既然是时代的产物、实践经验的总结、科学成果的升华，它就必然会随着时代的发展、实践的扩展、科学的进步而不断丰富和发展其自身。马克思主义之所以是发展的理论，是由它的理论本身决定的。首先，马克思主义不是脱离实际的抽象的思辨体系，它永远面对现实世界，面对实际生活，关注和研究时代提出的最迫切的问题，总结新的实践经验，提出新的理论观点；其次，马克思主义不是宗派主义体系，它能正确地对待各种非马克思主义，甚至反马克思主义的学说，对它们进行批判地研究，剔除其中错误的观点，吸收其积极合理的内容；最后，马克思主义不是故步自封的体系，它具有自我批评意识，它能根据时代的变化、实践的发展和科学的进步，发现自身的历史局限性和不完善的地方，从而把自身提高到与时代和实践的需要更加适应的水平上来。事实上，在马克思主义产生160多年来的历史过程中，它的创始人和继承者也是在这样做着。他们总是能根据变化着的实际情况，不断实现马克思主义的理论创新，使其获得新的生命，实现新的形态，从而形成了一部内容丰富并持续向前的马克思主义发展史。可以说，马克思主义的生命力，就存在于它的不断发展和创新的过程之中。

这个发展，不仅是马克思、恩格斯在不断地实践中对自己创立的理论进行充实和完善，而且更是在以后各个时代，不同国家的马克思主义者在面对不同的社会背景对其进行的继承发展和运用。

首先，马克思、恩格斯不仅是马克思主义的创立者，而且也是马克思主义的发展者。

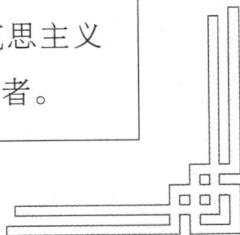

马克思于 1845 年春天写作的《关于费尔巴哈的提纲》和马克思、恩格斯于 1845~1846 年合写的《德意志意识形态》，是标志马克思主义基本形成的著作；1847 年 7 月发表的马克思的《哲学的贫困》和 1848 年 2 月发表的马克思、恩格斯合写的《共产党宣言》，则标志着马克思主义的公开问世。自此以后，马克思、恩格斯又通过总结实践经验、理论研究，以及同反马克思主义观点的论战，不断把自己的理论推向前进，进而上升到了另一个高度。马克思主义刚刚公开问世，就接受了 1848 年欧洲革命的洗礼，到 1871 年，又接受了巴黎工人起义和巴黎公社实践的检验，得到进一步发展。马克思、恩格斯晚年在总结 1848 年革命经验和巴黎公社经验的基础上，纠正了他们把资本主义寿命估计过短的历史局限性，在一定程度上认识到了资本主义制度的自我调节功能，对工人阶级斗争形式和斗争策略的认识也发生了相应的改变。

在马克思主义基本形成和刚刚问世时，马

克思、恩格斯对经济学批判的任务尚未完成，自己的经济学理论尚未成熟，此后又经过几十年的潜心研究，马克思写成了《资本论》这部宏伟巨制，于 1867 年出版《资本论》第 1 卷。马克思过世后，恩格斯又组织出版该书的第 2、3 卷，并且整理和出版了《资本论》的手稿。19 世纪70～80 年代，恩格斯系统地研究了自然科学中的哲学问题，写成《自然辩证法》手稿，开辟了马克思主义自然观的新领域。

恩格斯在 1876～1878 年 2 月写作的《反杜林论》和1886 年初写作的《路德维希·费尔巴哈和德国古典哲学的终结》，全面系统地阐述了马克思主义的各个组成部分。马克思在《给祖国纪事杂志编辑部的信》、《给维·伊·查苏利奇的信》及其草稿，恩格斯在《论俄国的社会问题》和《〈论俄国的社会问题〉跋》，以及马克思、恩格斯合写的《〈共产党宣言〉俄文第二版序言》等论著中，关于俄国社会发展道路的论述，极大地丰富了马克思主义的理论宝库。

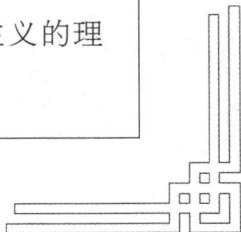

马克思晚年的《人类学笔记》以及恩格斯根据这些笔记写作的《家庭、私有制和国家的起源》一书，科学地分析了人类的原始史，论述了前资本主义的各个社会形态，全面地阐述了整个人类历史的发展过程和发展阶段。恩格斯在 19 世纪 80～90 年代的一系列书信中，对唯物史观作了重要的补充和发挥，并且回应了一些学者对唯物史观的许多片面的理解，这是恩格斯对唯物史观的发展做出的不可磨灭的贡献，也是马克思主义发展的重要一步，是马克思、恩格斯对于自身理论的补充。

其次，列宁等马克思主义者在领导俄国革命的实践中，实现了对马克思主义的进一步发展。

马克思、恩格斯逝世以后，列宁在帝国主义和无产阶级革命的时代条件下，在领导俄国无产阶级革命和社会主义改造与社会主义建设的实践中，在同第二国际机会主义的斗争中，继承、捍卫、发展了马克思主义，把马克思主义推进到一个新的阶段，即列宁主义阶段。

列宁主义是帝国主义时代的马克思主义，是实践着的马克思主义随着革命中心由西向东的转移及资本主义由帝国主义向垄断帝国主义过渡的转变而产生的。列宁主义产生于帝国主义链条薄弱环节的东方俄国，主要发展于半殖民地半封建的东方中国。它的核心人物是列宁，其研究核心是如何推翻现存的社会制度，建立无产阶级的国家政权，创立社会主义制度及进行社会主义制度建设。在列宁执政阶段，列宁的主要贡献是一国胜利学说，是在各种矛盾的焦点及帝国主义链条的薄弱环境首先实行突破的理论。毛泽东的主要贡献是以农村包围城市最后夺取全国政权及新民主主义革命的理论，并同列宁一样，探索了社会主义的初始模式。列宁和毛泽东对于新民主主义革命和社会主义的建设是在零起点的基础上进行的，验证了马克思、恩格斯主义的基本原理，把马克思、恩格斯主义的价值社会变为对象社会。因此，列宁主义也为社会主义的建设提供了必要的建设经验，从而在新时期发展、充实了马克

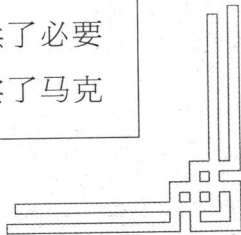

思主义。

列宁发现了资本主义政治经济发展不平衡的绝对规律，得出了"社会主义可能首先在少数甚至在单独一个资本主义国家内获得胜利"的结论，并指出"国家是阶级矛盾不可调和的产物和表现"，在此基础上，列宁创立了苏维埃政权。毛泽东领导中国人民在发展马克思列宁主义国家学说的基础上，建立了人民民主专政的国家政权。其他国家的马克思主义者也结合本国国情建立了社会主义制度，并一度形成了一个强大的足以与资本主义阵营相对垒的社会主义阵营。之后，列宁主义提出了民主集中制的建党原则。

可以说，正是因为有了列宁主义，20 世纪才成为真正意义上的社会主义世纪。

当现实生活发出呼吁人道主义的声音时，苏联哲学家有两件事情必须要做：第一是重新阅读、理解、整理马克思、恩格斯的哲学著作，从中发掘和梳理出研究回答人道主义问题凸显这一社会生活新变化所必需的思想资源；

第二是把这些资源与原有的辩证唯物主义历史唯物主义加以整合，创建出新的能够适应当前现实生活需要的马克思主义哲学理论来。理论创新是现实生活向他们提出的任务。遗憾的是，苏联哲学家们没有完成这些任务，甚至都没有提出这一历史性任务。不能提出和完成这一任务，直接的后果是不能建立统一的马克思主义哲学，并由此导致苏联马克思主义哲学队伍的分裂。

马克思主义哲学内部的理论对立与队伍分裂对苏联哲学造成极大伤害。首先，从理论上看，苏联的哲学家，尤其是官方哲学家，陶醉于虚假的统一与繁荣之中，他们认为不需要理论创新，所以根本没有考虑到理论创新这一层面，于是也就没有建立起把马克思、恩格斯哲学思想中科学理性与人道主义这两个看似相互排斥的方面统一起来的新理论，使苏联的马克思主义哲学基本上还停留在 20 世纪 30 年代的水平上，使思想文化的发展速度远远地落后于经济发展速度。其次，由于哲学理论脱离人们

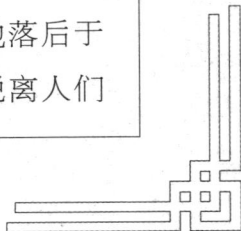

的实际需要，不能解决人们现实生活中所遇到的问题，所以苏联官方虽然竭尽全力宣传辩证唯物主义和历史唯物主义，但这一理论日益教条化，失去它本身所具有的感染力、号召力。

十月革命的一声炮响，给中国送来了马克思列宁主义。马克思主义在19世纪末20世纪初传入中国，在指导中国革命和建设的过程中，逐渐形成了中国化的马克思主义，即具有中国特点、中国风格和中国气派的马克思主义。一部中国的马克思主义史，就是一部马克思主义的基本原理和中国的具体实际相结合的历史。在新民主主义革命时期，以毛泽东为代表的中国共产党人经过反复探索，在成功经验和失败教训的基础上，找到了符合中国实际的革命道路，创造性地发展了马克思主义，形成了毛泽东思想。新中国成立后，以毛泽东为代表的领导集体，又对中国社会主义改造和社会主义建设道路进行了多方面的探讨，提出了不少有价值的思想。改革开放以来，我们党开辟了中国特色社会主义道路，形成了中国特色社会主义理论体系。这个理论体系就是包括邓小平理论、"三个代表"重要思想以及科学发展观等重大战略思想在内的科学理论体系：这个理论体系，坚持和发展了马克思列宁主义、毛泽东思想，凝结了几代中国共产党人带领人民不懈探索实践的智慧和心血，是马克思主义中国化的最新成果，是党最为宝贵的政治和精神财富，是全国各族人民团结奋斗的共同思想基础。在当代中国，坚持中国特色社会主义理论体系，就是真正坚持马克思主义。

实现马克思主义中国化，关键在于以与时俱进的科学态度对待马克思主义。毛泽东指出："马克思列宁主义并没有结束真理，而是在实践中不断地开辟认识真理的道路。""马克思这些老祖宗的书，必须读，他们的基本原理必须遵守，这是第一。但是，任何国家的共产党，任何国家的思想界，都要创造新的理论，写出新的著作，产生自己的理论家，来为当前的政治服务，单靠老祖宗是不行的。"作为马克思主义中国化的开拓者，毛泽东运用马克思

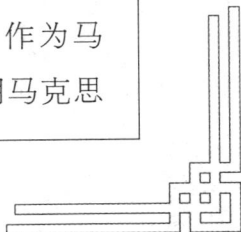

列宁主义基本原理深入研究中国革命的特殊规律和发展途径，并初步探索了社会主义建设的基本道路，创造性地把马克思列宁主义推向了一个新的发展阶段。

毛泽东思想的主要内容

毛泽东思想是马克思列宁主义的基本理论与中国革命具体实践相结合的产物，是马克思主义中国化的第一个重大理论成果。作为科学体系的毛泽东思想，以独创性的理论丰富和发展了马克思主义。毛泽东思想的基本内容主要由六个方面组成：

第一，新民主主义革命。新民主主义革命理论是毛泽东思想的基石。毛泽东从中国的历史状况和社会状况出发，研究中国革命的特点和中国革命的规律，发展了马克思列宁主义关于无产阶级在民主革命中的领导权的思想。其基本内容主要体现在四个方面：关于中国资产阶级的分析和统一战线的政策；关于中国武装斗争的特点和作用；关于中国共产党本身的建设；关于中国革命夺取全国胜利的道路。

第二，社会主义革命和社会主义建设。毛泽东思想中关于社会主义革命和社会主义建设的理论，具有很大的探索性和先导性。毛泽东从理论和实践上解决了在中国这样一个占世界人口四分之一的、经济文化落后的大国中，建立社会主义制度的艰难任务。这方面的理论主要包括四个方面：创造性地实现了生产资料私有制的社会主义改造；提出人民民主专政理论，丰富了无产阶级专政的学说；提出社会主义建设的十大关系；创造性地提出两类矛盾学说和正确处理人民内部矛盾的理论。这些正确的思想、方针和主张，对后来的中国特色社会主义建设道路的探索具有重要的指导意义。

第三，革命军队的建设和军事战略。毛泽东系统地解决了以农民为主要成分的

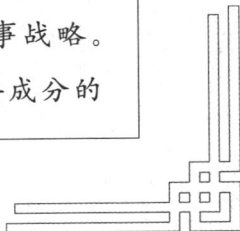

革命军队如何建设成为一支无产阶级性质的、具有严格纪律的、同人民群众保持亲密联系的新型人民军队的问题。这一领域主要包含五方面的内容：系统地解决了建设新型人民军队的问题；系统地提出了建设人民军队的思想；提出了人民战争的思想；制定了人民战争的战略、战术原则；提出了建设和发展现代化国防技术的重要思想。

第四，政策和策略。毛泽东思想中关于政策和策略的内容涉及方方面面，非常广泛，主要围绕着两大方面展开：论证了革命斗争中政策和策略问题的极端重要性，指出政策和策略是党的生命，是革命政党一切实际行动的出发点和归宿，必须根据革命形势，阶级斗争和实际情况制定相关政策，把原则和灵活性结合起来；在同一战线中提出重要政策与思想。

第五，思想政治工作和文化工作。毛泽东根据当时的文化背景与社会背景提出许多重要思想，这些思想对社会的发展有着长远意义。毛泽东思想对这方面的内容具体包括：思想政治工作是经济工作和其他一切工作的生命线；发展民族的、科学的、大众的文化；实行百花齐放、推陈出新、古为今用、洋为中用的方针；知识分子应当与工农相结合；强调全心全意为人民服务，艰苦奋斗，不怕牺牲。

第六，党的建设。对于人数多而战斗力很弱，农民和其他小资产阶级占大多数人数的中国，建设一个具有广大群众性的、马克思主义的无产阶级政党，是极其艰巨的任务。而毛泽东建党的学说成功的解决了这个问题。毛泽东注重从思想上建设党，提出党员不但要在组织上入党，而且要在思想上入党，经常注意以无产阶级思想改造和克服各种非无产阶级思想。毛泽东指出，理论和实践的作风，和人民群众联系在一起，以及自我批评的作风，是中国共产党区别于其他任何政党的显著标

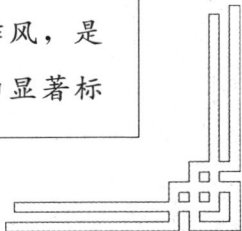

志。针对历史上党内斗争中存在过的"残酷斗争、无情打击"的"左"的错误，他提出"惩前毖后、治病救人"的正确方针，还创造了在全党通过批评与自我批评进行马克思列宁主义思想教育的整风形式。新中国成立以来，鉴于中国共产党成为领导全国政权的党，毛泽东多次提出务必使同志们继续保持谦虚谨慎、戒骄戒躁、艰苦奋斗的作风，警惕资产阶级思想的侵蚀，反对脱离群众的官僚主义。这些重要思想，丰富了马克思主义建党理论，为中国共产党的建设指明了正确方向。

除了上面的几个方面外，毛泽东思想体系中还有国际战略和外交工作的理论，关于思想方法和工作方法的理论，等等。毛泽东哲学著作和包含丰富的哲学思想的著作，从总结中国革命和建设的教训中，深刻地论述和丰富马克思主义的认识论、辩证法和历史观。这些都是建设中国特色社会主义的宝贵精神财富。

毛泽东思想的活的灵魂，是贯穿于上述各个理论的立场、观点和方法，有三个基本方面，即实事求是、群众路线、独立自主。实事求是，就是一切从实际出发，理论联系实际，不断深化对中国国情的认识，寻求适合中国发展和建设的道路，确定建设策略。群众路线，把马克思主义原理运用到党的建设中，形成党的工作路线，就是为了人民群众，依靠人民群众。独立自主，就是坚持独立思考，坚定不移地维护民族独立，捍卫国家主权完整，积极开展文化交流，学习外国先进知识。毛泽东把辩证唯物主义和历史唯物主义运用于无产阶级政党的全部工作，在中国革命的长期艰苦斗争中形成了具有中国共产党人特色的这些立场、观点和方法，丰富和发展了马克思列宁主义。它们不仅表现在毛泽东的全部科学著作中，也表现在中国共产党人的革命活动中。

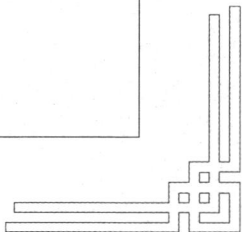

邓小平深入研究和平与发展时代的特点与要求，深刻总结国内外社会主义发展的经验与教训，精辟回答了什么是社会主义、怎样建设社会主义这一根本问题，从而开创了中国特色社会主义建设的新时期，开创了马克思主义中国化的新阶段。邓小平指出："科学社会主义是在实际斗争中发展着，马列主义、毛泽东思想是在实际斗争中发展着。我们当然不会由科学的社会主义退回到空想的社会主义，也不会让马克思主义停留在几十年或一百多年前的个别论断的水平上。""绝不能要求马克思为解决他去世之后上百年、几百年所产生的问题提供现成答案。列宁同样也不能承担为他去世以后五十年、一百年产生的问题提供现成答案的任务。真正的马克思主义者必须根据现在的情况，认识、继承和发展马克思列宁主义。""不以新的思想、观点去继承、发展马克思主义，不是真正的马克思主义者。"

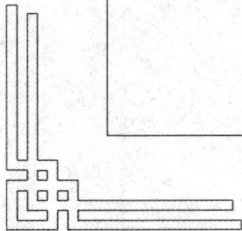

邓小平3理论内容概述

邓小平理论是当代中国的马克思主义，是马克思主义在中国发展的新阶段。这个理论之所以能够成为马克思主义在中国发展的新阶段，是因为：第一，邓小平理论坚持解放思想、实事求是，在新的实践基础上继承前人又突破陈规，开拓了马克思主义的新境界。第二，邓小平理论坚持科学社会主义理论和实践的基本成果，抓住"什么是社会主义，怎样建设社会主义"这个根本问题，深刻地揭示社会主义的本质，把对社会主义的认识提高到新的科学水平。第三，邓小平理论坚持用马克思主义的宽广眼界观察世界，对当今时代特征和总体国际形势，对世界上其他社会主义国家的成败，发展中国家谋求发展的得失，发达国家发展的态势和矛盾，进行正确分析，作出了新的科学判断。第四，总起来说，邓小平理论形成了新的建设有

中国特色社会主义理论的科学体系。

邓小平理论第一次比较系统地初步围绕"什么是社会主义，怎样建设社会主义"这个根本问题回答了中国社会主义的发展道路、发展阶段、根本任务、发展动力、外部条件、政治保证、战略步骤、党的领导和依靠力量以及祖国统一等一系列基本问题，指导我们党制定了在社会主义初级阶段的基本路线。它是贯通哲学、政治经济学、科学社会主义等领域，涵盖经济、政治、科技、教育、文化、民族、军事、外交、统一战线、党的建设等方面比较完备的科学体系，又是需要从各方面进一步丰富发展的科学体系。

当人类社会进入 21 世纪的时候，世界格局发生了一系列重大变化，党的第三代中央领导集体准确把握时代特征，科学判断我们党所处的历史方位，围绕建设中国特色社会主义这个主题，集中全党智慧，以马克思主义的巨大理论勇气进行理论创新，逐步形成了"三个代表"重要思想这一系统的科学理论，进一步回答了建设中国特色社会主义的一系列基本问题。江泽民指出，马克思主义必须要随着时代、实践和科学的发展而不断发展，不可能一成不变。马克思列宁主义、毛泽东思想一定不能丢，丢了就丧失根本。同时一定要以我国改革开放和现代化建设的实际问题、以我们正在做的事情为中心，着眼于马克思主义理论的运用，着眼于对实际问题的理论思考，着眼于新的实践和新的发展。他说："马克思主义是发展的科学。它诞生于上世纪四十年代，迄今已经一个半世纪。一百多年来，世界发生了很大变化。一代又一代的马克思主义者，从时代的发展和本国的国情出发，以创造性的态度对待马克思主义，从而保持了它的巨大的影响和旺盛的生命力。理论是什么？理论就是对实践的总结。一切科学的理论，总是从实践中来，又回到实践中去，接受检验，指导实践，同时在实践中丰富和发展自己。""三个代表"重要思

想极大地丰富和发展了邓小平理论，是高扬马克思主义理论创新旗帜的光辉典范。

"三个代表"

江泽民同志 2000 年 2 月 25 日在广东省考察工作时，从全面总结党的历史经验和如何适应新形势新任务的要求出发，首次对"三个代表"重要思想进行了比较全面的阐述。提出：总结中国共产党七十多年的历史，可以得出一个重要的结论，这就是：中国共产党之所以赢得人民的拥护，是因为中国共产党在革命、建设、改革的各个历史时期，总是代表着中国先进生产力的发展要求，代表着中国先进文化的前进方向，代表着中国最广大人民的根本利益，并通过制定正确的路线方针政策，为实现国家和人民的根本利益而不懈奋斗。人类又来到一个新的世纪之交和新的千年之交。在新的历史条件下，中国共产党如何更好地做到这"三个代表",是一个需要全党同志特别是党的高级干部深刻思考的重大课题。

可以说,"三个代表"的重要论述具有鲜明的时代特征,不仅是中国共产党的建设的重大课题,同时,它事关改革开放和两个文明建设的成败,事关中国共产党、中国工作大局,事关党和国家的前途命运,是中国共产党的立党之本、执政之基、力量之源。

中国共产党八十年的奋斗历程充分证明,中国共产党要继续站在时代前列,带领人民胜利前进,就必须始终代表中国先进生产力的发展要求,代表中国先进文化的前进方向,代表中国最广大人民的根本利益。

以胡锦涛为中心的党的第四代领导提出的科学发展观是马克思主义中国化的最新成果。

科学发展观,是立足社会主义初级阶段基

本国情，总结我国发展实践，借鉴国外发展经验、适应新的发展要求提出来的。

从 2003 年 10 月十六届三中全会提出要"坚持以人为本，树立全面、协调、可持续的发展观，促进经济社会和人的全面发展"；到2004 年 3 月胡锦涛对科学发展观的内涵（坚持以人为本、全面发展、协调发展、可持续发展）的界定；再到 2007 年 10 月十七大对科学发展观的全面阐述和科学定位，归之于中国特色社会主义理论的体系之中。科学发展观，第一要义是发展，核心是以人为本，基本要求是全面协调可持续，根本方法是统筹兼顾。科学发展观的提出，顺应时代发展潮流，赋予了马克思主义关于发展的理论以新的时代内涵和实践需求，进一步丰富了中国特色社会主义理论。它回答了在新世纪新阶段中国共产党应当如何认识发展问题和怎样领导发展的问题，完善了中国特色社会主义发展道路、发展模式和发展战略。

与时俱进的马克思主义科学态度，推进了

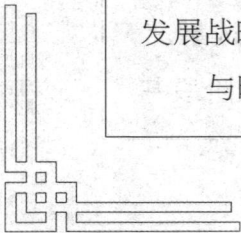

马克思主义中国化的伟大历程；把马克思主义中国化继续推向前进，必须保持与时俱进。马克思主义中国化是中国共产党长期而艰巨的任务。回顾我们党的四代领导集体把马克思主义基本原理同中国实际相结合的奋斗历程，我们可以清楚地看到，马克思主义是随着我国革命和建设主题的转换以及人民群众实践的深化而不断丰富和发展的。马克思主义中国化是一个不断解放思想、实事求是、与时俱进、开拓创新的过程。马克思主义理论的每一个重大发展，社会主义实践的每一个巨大进步，都是解放思想、实事求是、与时俱进、开拓创新的结果。社会实践没有止境，马克思主义理论的发展和创新也没有止境。中国共产党将始终保持与时俱进的精神状态，继续高举毛泽东思想和邓小平理论伟大旗帜，全面贯彻"三个代表"重要思想，在伟大的革命和建设实践中不断开拓马克思主义理论发展的新境界。

从苏联解体到中国在中国共产党以马克思主义为指导思想的领导下一步步走向辉煌，我

们可以再次看出，马克思主义是科学的理论体系，是有生命力的科学，这也明显地区别于教条的宗教。马克思主义是科学世界观和方法论，没有任何人或是国家可以直接拿出马克思主义的哪一条直接生搬硬套地用，而是需要理论联系实际，实事求是，具体问题具体分析。

总之，马克思主义不是封闭僵化的理论体系，而是在解决时代和实践的重大课题中不断发展的科学。马克思主义是真理性的认识，同时它又没有结束真理，而是开辟了在实践中不断认识真理和发展真理的广阔道路。这就使它与历史上无数显赫一时的其他理论有着完全不同的命运。历史上有许多理论和学说往往随着其创始人的去世而逐渐走向衰落，马克思主义却不是这样。马克思主义由于自觉植根于时代和实践的沃土之中，并不断根据时代和实践发展的需要，为满足广大人民群众的利益和要求，推进理论创新，成为一个开放的、不断发展的理论体系，所以它能够并必将保持长久的生命活力。

三、马克思主义的内容、内涵和特征

（一）马克思主义的内容

马克思主义由三个组成部分构成，这就是马克思主义哲学（包括辩证唯物主义和历史唯物主义）、以剩余价值学说为基石的马克思主义政治经济学、科学社会主义理论。马克思主义的三个组成部分有着内在的统一性，从而使

马克思主义的全部理论形成一个密不可分的有机整体。

第一，马克思主义三个组成部分的内在统一性在于它们目的的一致性，即都是为无产阶级的革命实践斗争服务的。马克思主义哲学为无产阶级提供了科学的世界观和方法论，使无产阶级有了认识世界和改造世界的强大思想武器；马克思主义的经济学揭露了资本家剥削工人的秘密，使无产阶级认识到了自身受剥削和压迫的根源，意识到了自身的地位和伟大使命；马克思主义的科学社会主义揭示了社会主义取代资本主义的历史必然性，为无产阶级指明了一条实现社会主义的光明之路，并提出了社会主义革命和建设的基本原则。

第二，马克思主义三个组成部分的内在统一性还在于它们在逻辑上形成前提、论据和结论的关系。马克思和恩格斯批判地继承了德国古典哲学的优秀成果，创立了辩证唯物主义，他们把唯物主义贯彻到社会历史领域，创立了唯物史观，揭示人类社会发展的客观规律。他们运用辩证唯物主义和历史唯物主义具体地分析和研究资本主义社会，提出了剩余价值学说，揭露了资本主义社会内在固有的矛盾，即生产的社会化与资本主义私人占有的矛盾，说明了无产阶级革命的必然性。正如恩格斯所指出的，马克思的唯物史观和剩余价值学说的两大发现，使社会主义从空想变为科学，使无产阶级有了完备的斗争武器。

马克思主义是完备而严密的科学理论体系。它的内容极其丰富而宏伟，涉及自然、社会和人类思维的各个领域，包括经济、政治、文化、历史、科技、军事和意识形态等各个方面。其主要组成部分是马克思主义哲学、政治经济学和科学社会主义。从一定意义上说，马克思主义的各个组成部分都具有各自的特点和相对独立性。但是，马克思主义并不是诸多个别论断和个别结论的机械总和，它的各个组成部分及其所包含的各项基本原理，是一个互相依存、互相贯通的有机联系的整体，是不能任意分割的。

马克思主义哲学是马克思主义的世界观和方法论，是整个马克思主义的基础部分。马克思主义的创立是从哲学革命开始的。两千多年的哲学发展史积累了大量的人类智慧，提供了极其宝贵的思想资源，但是马克思以前的哲学都有根本性的缺陷。各派唯心主义哲学的共同缺陷是颠倒了物质与意识的关系；各派唯物主义哲学则带有朴素的或形而上学的特征，在社会历史领域陷入了唯心主义。这些哲学都不可能正确地认识世界，更不可能有效地改造世界，尤其不可能成为无产阶级的思想武器。

马克思主义哲学是在批判地继承人类优秀哲学思想，特别是德国古典哲学优秀成果的基础上创立的。德国古典哲学对马克思主义哲学创立影响比较大的是黑格尔和费尔巴哈的哲学思想。黑格尔是德国古典唯心主义哲学的最大代表，他的哲学体系是唯心主义的，方法却是辩证的。辩证法是德国古典哲学中最重要的理论成果。费尔巴哈批判了黑格尔的唯心主义，恢复了唯物主义的权威，但是却抛弃了黑格尔的辩证法，他的唯物主义带有形而上学性和直观性的缺点，在社会历史观上也是唯心主义的。马克思主义的创始人剥掉了黑格尔哲学的唯心主义外壳，吸取了它的辩证法思想的"合理内核"；清除了费尔巴哈哲学中的形而上学和历史唯心主义的杂质，批判地吸取了它的唯物主义的"基本内核"，以科学的实践观为核心，把唯物主义和辩证法统一起来，并且贯彻于对社会历史的研究，把唯物辩证的自然观和社会历史观融为一体，从而创立了同黑格尔和费尔巴哈哲学有着本质区别的辩证唯物主义和历史唯物主义的科学世界观，造成了哲学史上空前的革命变革，为无产阶级及其政党提供了认识世界和改造世界的科学世界观和方法论，因而它是构成整个马克思主义理论体系的基础，并贯穿和体现于马克思主义的全部学说和实践活动之中。

马克思主义政治经济学，即马克思主义的经济学说，是在批判地吸取以往的、特别是英国古典政治经济学优秀成果的基础上创立的。

英国古典政治经济学最积极的成果是奠定了劳动价值论的基础。马克思主义的创始人运用科学的辩证唯物主义和历史唯物主义的世界观和方法论，全面深刻地分析了资本主义生产方式和资本主义剥削关系，批判地吸取了英国古典政治经济学的积极成果，严密论证和发展了劳动价值论，创立了科学的剩余价值学说，发现了资本剥削的秘密，揭露了无产阶级和资产阶级对抗的最深刻根源，揭示了资本主义制度的产生、发展和最终必然为社会主义制度所代替的历史趋势，从而实现了在政治经济学领域中的根本变革。马克思主义政治经济学，是马克思主义的主要内容，是马克思主义理论最深刻最全面最详细的证明和运用。

科学社会主义，又称科学共产主义。实现物质财富极大丰富、人民精神境界极大提高、每个人自由而全面发展的共产主义社会，是马克思主义最崇高的社会理想。科学社会主义是在批判地吸取以往的社会主义理论、特别是19世纪的三大空想社会主义者的学说的基础上创立的。它是以马克思主义哲学和政治经济学为依据，研究无产阶级解放运动的性质、条件、目的和发展规律的科学。科学社会主义是指导无产阶级谋求解放的科学。因此，科学社会主义是马克思主义的主要之点，是马克思主义思想体系的核心。正是在这个意义上，马克思主义创始人在讲到科学社会主义时，除了指它是马克思主义的一个重要组成部分，还常常从广义上把它与整个马克思主义当做同义语来使用。

在马克思主义体系中，它的世界观和方法论原则与它对经济事实的分析同它的全部结论之间，在理论上和逻辑上是严密的、完整的、一贯的，它们相互联系、相互渗透，构成统一的马克思主义学说。把它们其中任何一个组成部分同整体割裂开来，都会使它丧失自己的原有性质，并导致对整个马克思主义的曲解。如果没有马克思主义哲学，马克思主义政治经济学和科学社会主义就会失去科学的世界观和方法论的理论前提；如果没有马克思主义政治经

济学，就难以理解唯物史观的一系列基本范畴和重要原理，社会主义就不可能有剩余价值理论这个坚实的基础，从而也就不可能从空想变为科学；如果没有科学社会主义，马克思主义哲学和政治经济学就会失去理论的归宿，就不可能使马克思主义哲学变成革命的实践的唯物主义哲学，也不可能为马克思主义政治经济学的研究规定明确的目的和方向。可见，马克思主义是一个有着内在联系的完备而严密的科学理论体系。

下面我们分别对马克思主义的三个组成部分逐一介绍。

首先我们来看看马克思主义哲学。

马克思主义哲学是关于自然、社会和思维发展一般规律的科学，是唯物论和辩证法的统一、唯物论自然观和历史观的统一。它是一个相对真理。

马克思主义哲学是在继承和发展了德国的古典哲学、英国的古典政治经济学、法国的空

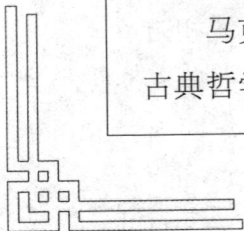

想社会主义基础上形成的，是马克思主义的三个组成部分之一。它的主要理论来源是辩证法和唯物论。辩证唯物主义和历史唯物主义是马克思主义的两大组成部分，实践概念是它的基础。

马克思主义哲学的理论内容是把唯物论与辩证法、唯物主义自然观和唯物主义历史观结合起来，形成辩证唯物主义和历史唯物主义的理论体系。

1. 马克思主义哲学的来源

马克思和恩格斯创立的学说，包括科学世界观、社会历史发展学说、无产阶级革命理论，以及社会主义和共产主义建设理论在内的科学理论体系，工人阶级政党的理论基础和指导思想。"马克思主义"一词作为马克思、恩格斯创立的学说的总称在马克思在世时已经出现，在 19 世纪 70 年代末法国社会主义者的著作中曾广泛使用，但内容受到歪曲，马克思对此提出尖锐批评。恩格斯在 80 年代初开始使

用"马克思主义"一词，并在 1886 年专门作了说明。

马克思主义产生于 19 世纪 40 年代，是资本主义矛盾激化和工人运动发展的产物，以《共产党宣言》的问世为标志。它吸收和改造了人类思想文化的一切优秀成果，特别是 18 世纪中叶和 19 世纪上半叶的社会科学和自然科学的成果。它的主要理论来源是德国古典哲学、英国古典政治经济学和英法空想社会主义。此外，法国启蒙学者的思想和法国复辟时期历史学家的阶级斗争学说，也为科学社会主义理论提供了有益的思想资料。19 世纪科学技术的新成果，特别是细胞学说的确立、能量守恒和转化规律的发现、进化论的新发展为马克思主义的产生奠定了坚实的自然科学基础。

2. 马克思主义哲学的基本特征

首先是马克思主义是哲学史上的革命变革。

马克思主义哲学的诞生是当时社会政治与

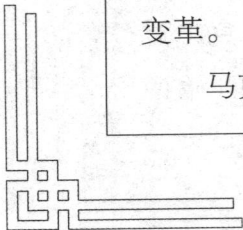

经济的发展、自然科学的巨大进步和哲学理论自身发展的必然产物。

19世纪40年代的欧洲，资本主义已经进入较高的发展阶段。成熟的资本主义生产方式孕育成熟的无产阶级，欧洲无产阶级正从一个自在的阶级逐渐成长为一个自为的阶级，工人运动兴起需要科学理论指导。这一时期自然科学取得前所未有的巨大成就：三大科学发现（细胞学说，能量守恒和转化定律，达尔文进化论）是对当时欧洲社会科学优秀成果的概括和总结，是对人类哲学思维中的唯物主义和辩证法传统的批判继承与创造性的发展。为马克思主义哲学的创立作了理论上的准备。

马克思主义哲学的直接理论来源是：以亚当·斯密和大卫·李嘉图为代表的古典经济学，特别是他们的劳动价值论；19世纪法国复辟时期的历史学家基佐、米涅、梯叶里关于阶级斗争作用的论述；19世纪初以圣西门、傅立叶、欧文为代表的英法空想社会主义学说；德国古典哲学，主要是黑格尔的辩证法和费尔巴

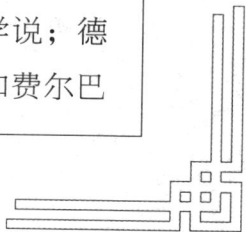

哈的唯物主义。

其次是马克思主义哲学首要的、基本的观点。

实践的观点是马克思主义哲学首要的和基本的观点，实践的原则是马克思主义哲学的建构原则。

马克思主义哲学从实践出发去反观、透视和理解现存世界，把对象、现实、感性当作实践去理解。

马克思把自己的哲学对象规定为作为现存世界基础的人类实践活动，把哲学的任务规定为解答实践活动中的人与世界、主体与客体、主观与客观的关系，从而为改变世界提供方法论。

马克思第一次把实践提升为哲学的根本原则，转化为哲学的思维方式，从而创立了以实践为核心和基础的崭新形态的现代唯物主义。

科学的实践观是马克思创立辩证唯物主义和历史唯物主义的思想机制。实践观点不仅是马克思主义哲学批判唯心主义的锐利武器，而

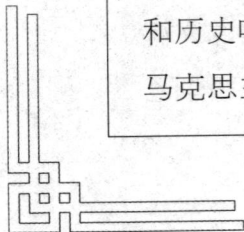

且是同旧唯物主义的分界线，并由此终结了传统哲学。

再次是辩证唯物主义和历史唯物主义的统一。

存在决定思维、物质决定意识、自然界先于人类而存在，这是一切唯物主义都必须坚持的根本原则。

人类的物质实践活动是唯物的、辩证的，也是社会的、历史的。马克思主义哲学在实践的基础上揭示了自然观和历史观的统一，从而正确地、彻底地解决了哲学的基本问题，把唯物主义贯彻到底。

最后是批判、开放和不断发展的学说。

批判性是马克思主义哲学的基本精神。批判，是破旧立新，以新物质代替旧物质，是实践的内在要求。

实践作为人类的基本存在方式，是人对外部自然的一种否定性关系。

马克思主义哲学同时代的步伐保持密切的联系，以强烈的历史感和责任感，严格依据实

践的发展和科学的进步，创造性地丰富和发展自己的理论，及时修正某些被实践证明业已陈旧的个别观点和结论，以保持和发展自己学说的科学性、真理性；同时坚持科学的世界观和方法论，坚持鲜明的党性原则，对来自各方面的反马克思主义的和其他的错误观点和理论，进行毫不含糊的批判与斗争，指导现实以正确的方向和道路，并在同各种错误的批判和斗争中丰富和发展自己。

马克思主义哲学是开放的理论体系，不仅要吐故还要纳新。马克思主义哲学的理论活力来自实践。是对以往自然科学、社会科学和思维科学的成果的批判继承，随着发展会不断总结新经验以丰富和发展自己的理论内容及其相应理论形式。

马克思主义哲学是不断发展的，把马克思主义哲学看作是活生生的发展的学说，使之永远同实践和科学的发展相一致，反对把马克思主义教条化、绝对化和僵化的倾向。

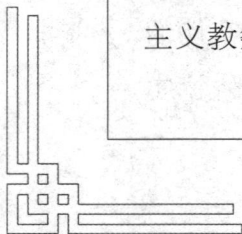

3. 马克思主义哲学的功能

第一，现代的思想智慧。

马克思主义哲学是现代最先进的科学世界观和方法论，是我们时代的思想智慧。

①反思功能。

反思既是对思维对象的反复思考，又是对思维本身的反身思考。反思首先是反复思考，是对思维对象的再思、三思、多思。反思具有反复思维和反身思维双重含义，是思维之对象意识和自我意识的辩证统一。

②概括功能。

哲学是人与世界关系的总体性的理论反映，在概括各方面知识的基础上，形成了哲学意义上的包括人在内的世界图景。

③批判功能。

马克思主义哲学以一种批判的态度对人与世界现实关系作出评价。要改变世界，就必须对现存世界持批判的态度，在对现实的批判中确立作为现实之否定形态的理想，再通过实践

把理想转变为新的现实。辩证法意义上的批判不是消极的否定。

④预测功能。

哲学立足于现实，又面向未来，引导着我们从现在走向未来。它可以从大体上把握人与世界关系的发展趋势。哲学的预测不同于具体科学的预测，它更带有宏观整体性、综合性、概括性的特点。

第二，人生的根本指南。

科学的人生观是马克思主义哲学即科学世界观的组成部分。人生观是世界观的一个方面。

人生观就是对人生的根本观点、根本看法。对人生观起根本指导作用的是他所信奉的世界观。社会主义、共产主义人生观就是在马克思主义哲学指导下形成和发展起来的。人生的价值和意义在于对社会所尽的责任和所做的贡献。努力为人民服务，无私把自己的一切智慧和力量贡献给社会主义和共产主义事业，是人生最大的价值和意义。

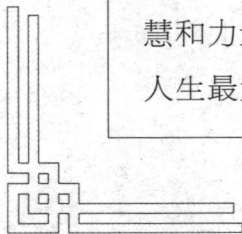

集体主义是社会主义、共产主义人生观的核心。弘扬爱国主义、集体主义和社会主义精神，是当前我国社会主义精神文明建设的主旋律，是正确实现人生价值的思想前提，也是马克思主义的科学人生观不可或缺的内容。要树立和坚定社会主义、共产主义人生观，提高建设社会主义精神文明的自觉性，抵制拜金主义、享乐主义、极端个人主义等腐朽思想。

第三，建设有中国特色社会主义的哲学基础。

马克思主义哲学既是认识世界又是据以改造世界的伟大精神武器。解放思想、实事求是是马克思主义的灵魂，也是建设有中国特色社会主义理论的精髓，是中共的思想路线。只有解放思想，才能防止思想的滞后和打破思想的僵化，使主观思想不断与新的实际相符合，真正做到实事求是。解放思想是实事求是的前提和保证，实事求是是解放思想的基础和目的，二者是辩证统一的，既尊重社会发展的客观规律，又充分发挥人的能动性和创造性。

理论联系实际，是学习马克思主义哲学的根本方法。

我们只要坚持和按照马克思主义哲学所固有的科学本性和逻辑来理解它、对待它，就能在处理人与世界的关系中，在建设有中国特色社会主义的实践中，真正地和充分地发挥它的巨大社会功能。

4. 马克思主义哲学的重要意义

马克思主义哲学从实践出发解决哲学基本问题，即思维和存在的关系问题是对人与世界的关系的最高抽象。马克思主义哲学深刻地指出人与世界的关系实质上是以实践为中介的人对世界的认识和改造关系。

从实践出发解决人与世界的关系问题是马克思主义哲学实现伟大哲学变革的实质和关键，是实践为人提供了认知对象。因此在实践中，人不仅认识了世界，而且改造了世界，在自然的世界的基础上创造了人类的属人世界。所以，实践不仅具有认识论意义，而且具有世界观意义。

马克思主义哲学区别于其他一切哲学的根本之处，在于它解决哲学基本问题的独特方式。旧唯物主义和唯心主义都不了解人类实践活动及其意义，因而导致他们在对世界的理解和观察世界的视角上存在着重大缺陷。马克思主义哲学从实践出发去理解现实世界，从而在世界观、自然观、历史观和认识论上都获得了全新解释，构筑了统一的、彻底的、科学的哲学体系。

实践观点是马克思主义哲学的基础，贯穿于全部辩证唯物主义和历史唯物主义。

马克思主义哲学的革命变革主要表现为：创立了唯物主义历史观，结束了社会历史领域中唯心史观的统治地位。结束了旧唯物主义缺乏能动原则的状况。在实践活动的基础上去理解物质世界，使唯物主义成为生机勃勃的科学理论体系。为无产阶级和人类解放提供了思想武器。

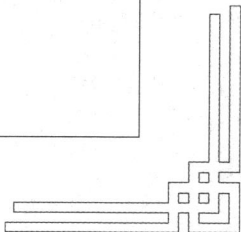

5. 学习哲学的重要意义

第一，马克思主义哲学从实践出发解决哲学基本问题。

①哲学基本问题，即思维和存在的关系问题是对人与世界的关系的最高抽象。

马克思主义哲学深刻地指出人与世界的关系实质上是以实践为中介的人对世界的认识和改造关系。

②从实践出发解决人与世界的关系问题是马克思主义哲学实现伟大哲学变革的实质和关键。

在实践中，人不仅认识了世界（是实践提供了认识的对象），而且改造了世界，在自在世界（天然自然）的基础上创造了属于人的世界（人类世界）。所以，实践不仅具有认识论意义，而且具有世界观意义。

③马克思主义哲学区别于其他一切哲学的根本之处，在于它解决哲学基本问题的独特方式。

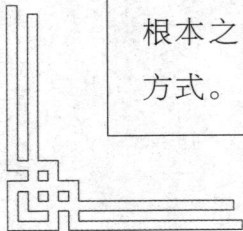

旧唯物主义和唯心主义都不了解人类实践活动及其意义，因而导致他们在对世界的理解和观察世界的视角上存在着重大缺陷。马克思主义哲学从实践出发去理解现实世界，从而在世界观、自然观、历史观和认识论上都获得了全新解释，构筑了统一的、彻底的、科学的哲学体系。

④实践观点是马克思主义哲学的基础，贯穿于全部辩证唯物主义和历史唯物主义。

离开了实践观点，就不可能真正把握马克思主义哲学的实质。

马克思主义哲学的革命变革主要表现在：

其一，创立了唯物主义历史观，结束了社会历史领域中唯心史观的统治地位。

其二，结束了旧唯物主义缺乏能动原则的状况。在实践活动的基础上去理解物质世界，使唯物主义成为生机勃勃的科学理论体系。

其三，为无产阶级和人类解放提供了思想武器。

⑤马克思主义哲学是关于自然、社会和思

维发展一般规律的科学，是唯物论和辩证法的统一、唯物论自然观和历史观的统一。

马克思主义哲学是辩证唯物主义和历史唯物主义。这是一个以科学实践观为基础，辩证法和唯物论统一、辩证唯物主义自然观和历史观统一的新的哲学体系。

马克思主义哲学的革命变革表现在理论内容上，是把唯物论与辩证法、唯物主义自然观和唯物主义历史观结合起来，形成辩证唯物主义和历史唯物主义的理论体系。

唯物史观的伟大意义。唯物史观的发现是人类科学思想中的最大成果，它揭示了人类自身活动的规律，使人们对历史的研究真正成为科学，为人类自觉地创造自己的历史提供了强大的认识工具，它是社会主义由空想变为科学的理论基石。

第二，学习马克思主义哲学的主要意义。

其一，可以帮助我们树立正确的世界观、人生观、价值观。人生活在现实世界中，必然要对世界有一个基本的看法，这就是世界观。

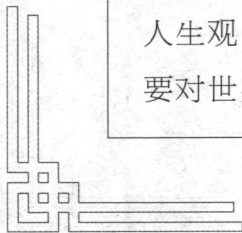

它决定着人的一切社会活动的基本方向。作为世界观的重要组成部分，人生观是人们依据一定的世界观和实践经验而形成的对人生重大问题的根本看法和态度。世界上的事最终都是人做，因此无论做什么事，归根结底都是做人。所以一切科学问题最后都离不开人生观这个哲学问题。对于人而言，无论做人，还是做事，其根据都不仅有真与假、对与错的事实判断，还要有重要性、意义等的价值判断。因此我们还必须注意价值观的问题。科学的世界观、人生观、价值观是不可能自发形成的，学习并掌握马克思主义哲学是培养和确立科学的世界观、人生观、价值观的根本途径。

其二，可以给我们以认识世界、改造世界的科学的方法论。人活在世界上所做的一切，无非是认识世界和改造世界这两件大事。马克思主义哲学是科学的世界观和方法论，通过学习马克思主义哲学，掌握科学的世界观和方法论，能够帮助我们正确地分析和解决认识世界和改造世界中所面临的各种复杂问题，提高我

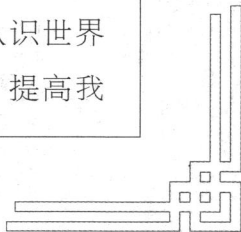

们的认识水平和实践能力，提高自觉性，减少盲目性。

其三，可以提高全民族科学文化素质，建设社会主义精神文明，繁荣社会主义文化。一个人面对纷繁复杂、变幻莫测的世界能否进行冷静的哲学思考，是其素质高低的重要标志。一个国家有无发达的哲学社会科学，是其文明程度高低的重要标志。一个民族能否在为世界贡献物质产品的同时也为世界贡献伟大的哲学家，是这个民族伟大的重要标志。

6. 哲学对生活发挥的作用

哲学完全融入到了我们生活的角角落落，只是我们不易察觉罢了。

且不提数学、物理学、心理学、伦理学以及一切的自然科学本身都是逐渐从哲学中分离出来的，仅就认识论和方法论而言就是哲学在生活中最直接的体现。每一个人对待事物都有自己的认识和看法（认识论角度），对于不同的问题都会有自己的行为方法（方法论角度）。

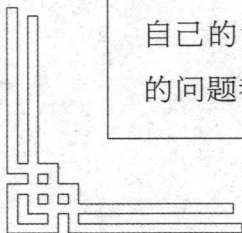

每一个人天生都是哲学家，只要有思维存在，人就不会停止思考，哲学就不会消失。

学习哲学的目的就在通过对哲学的学习来建立一套系统的，有规律的思维认识逻辑，通过认识这个世界，来指导自己的日常行为方式，使自己的生活更有意义。

不学哲学也一样可以在生活中感悟到很多道理，有很多思考，同样可以有意义地生活。关键是人一定要有思考，并形成自己的认识，否则就会变成一具没有灵魂的行尸走肉。

实际上，在正常生活中，学习和喜欢哲学的人往往被称为"怪人"或者"神经病人"。事实上不是，哲学对人们的影响非常大，它影响到人们生活的方方面面，学哲学的同时伴随着心理学、文学等。哲学是所有学科的基础，所有学科大多数都是从哲学中分离出来的，比如说物理学，当你学哲学有一定的根基以后，尤其是有你自己的哲学观点的时候，你对物理的了解也可能在你自己的哲学观点的指导之下，对物理有一个全新的认识，或者从某一个

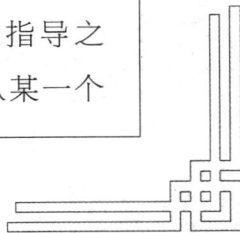

视角来观察具体的事情，这有时就是我们所说的创新。学习哲学对人的理解、逻辑能力的提高是非常大的，哲学需要严密的逻辑，超强的抽象理解能力，而在你长时间接触之后，你会发现你在这几方面慢慢地变得越来越好。当你和人说话时，你会很严谨，做事情的时候有一种适合自己的方法，并且别人对你的影响可以忽略不计，考虑事情的时候不会意气用事，会很冷静地处理紧急事情。随着你的逻辑和抽象能力达到一定程度的时候，你可以很容易看穿人生的方方面面。

马克思主义的第二个组成部分：马克思主义政治经济学。

马克思主义的政治经济学是一种科学的观点，是马克思在大英图书馆中经年累月，用鞋子在座位底下磨出一道槽才研究出来的。他没有提出如何实行计划经济的具体办法，虽然后来的社会主义国家在实行过程中产生了许多偏差，甚至导致苏联的解体，但目前仍不能有足够的证据来证明马克思主义政治经济学的基本原理有什么错误，任何市场经济仍然要不断地和周期性经济危机作斗争，而解决的方法仍然是要不断地加强政府调控，即对经济进行计划。

马克思和恩格斯运用无产阶级世界观和历史观——辩证唯物主义和历史唯物主义创立的阐明人类社会各个发展阶段上支配物质资料的生产、分配、交换和消费的规律的科学。它是马克思主义的三个组成部分之一，是无产阶级的政治经济学，只有到了阶级已经完全消灭了的共产主义的高级阶段，它才可能成为全体社会成员的政治经济学。

马克思主义政治经济学的基本观点主要包括在马克思的重要著作《资本论》中，马克思研究了资本主义经济学的理论和英国历年的经济统计资料，对资本主义经济学理论进行了系统的分析和批判。马克思提出了剩余价值理论，认为工人阶级劳动的付出没有得到同样的回报，剩余价值被没有付出劳动的"资本"家

所剥削。生产资料的私人占有和产品的社会化必然会导致周期性的经济危机，解决的办法只有计划经济和社会主义市场经济相结合。历史上没有一个经济学家可以提出一帖万应灵药，人类对经济规律的理解还只是处于一种大致定性的状态，马克思发现了经济规律中的一个重要方面，在经济学领域做出了重大的贡献。

马克思主义政治经济学创立于 19 世纪中叶。这时，资本主义经济已发展到机器大工业时期，资本主义生产方式在西欧先进国家占据着统治地位，生产社会化和资本主义所有制之间的矛盾日益暴露，经济危机周期地发生。随着大工业生产的发展，工人无产阶级日益壮大进而作为独立的政治力量登上历史舞台。无产阶级反对资产阶级的斗争的发展，需要有自己的经济理论作为思想武器，这就决定了无产阶级政治经济学的产生。

马克思和恩格斯用辩证唯物主义和历史唯物主义研究政治经济学，使政治经济学发生了根本性的变革。他们第一次从社会生活的各个

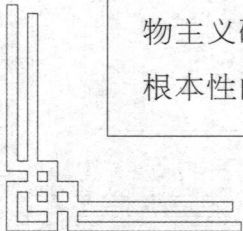

领域划出经济领域来，从一切社会关系中划出生产关系来，指明它是一切社会关系中最根本最本质的关系。他们把生产关系归结于生产力的高度，指明生产关系是随生产力的发展而发展变化的，每一种生产关系是暂时地存在于历史的一定阶段。这样，他们就科学地阐明了生产方式及与之相应的生产关系的发展变化是遵循着不以人们意志为转移的客观经济规律，表现为一种自然历史过程。马克思和恩格斯把政治经济学建立在以客观经济规律为依据的坚实的基础上，使政治经济学成为真正的科学。

马克思和恩格斯为当时创立的政治经济学规定的任务是：揭示资本主义社会经济运动的规律，从而揭露资本主义生产方式发展和趋于瓦解的过程中必然产生的各种矛盾和弊病，并从趋于瓦解的资本主义运动形式内部发现未来的能够消除这些矛盾和弊病的力量和因素。

马克思和恩格斯研究了古典的、庸俗的、小资产阶级的、空想社会主义的绝大部分经济学著作，批判地继承了古典政治经济学和空想

社会主义的研究成果中的科学因素，收集和研究了关于资本主义发展历史的大量文献和资料，深入地分析了资本主义的经济结构，揭示了它的真实运动过程。马克思和恩格斯在政治经济学研究对象问题上，理清了贯穿于资本主义经济学中的迷乱。他们阐明了政治经济学所研究的不是物，而是人与人之间的生产关系；在阶级社会，归根结底是阶级和阶级之间的关系，虽然这些关系总是同物结合着，并且作为物出现。这一重大贡献是建立在马克思对劳动价值学说作了全面论证和革命性的发展的基础上的。马克思在研究商品的二重性时，发现了商品二重性中包含的劳动的二重性：具体劳动创造使用价值和抽象劳动形成价值。这就使价值的本质得到了科学的说明，并使得剖析资本主义生产方式的各种现象获得了重要的钥匙。

马克思科学地区分了劳动和劳动力，对劳动力这种特殊商品的使用价值和价值进行了深入细致的研究，发现了资本家使用雇佣劳动者的劳动力所创造的价值超过劳动力本身的价值

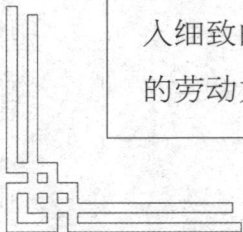

是剩余价值的真正源泉，揭露了资本主义生产和剥削的秘密，创立了他的崭新的剩余价值学说，奠定了马克思的经济学说的基石。剩余价值学说彻底地揭示了资本主义生产关系的本质和无产阶级与资产阶级之间的对立的深刻基础，使无产阶级和革命人民的眼界豁然开朗，这是马克思在政治经济学上的最大功绩。马克思研究了剩余价值转化为资本的积累过程，揭示了资本主义积累的一般规律。

马克思全面考察了社会总资本的再生产，把社会产品按实物形式分为生产资料和消费资料两个部类；按价值分为不变资本、可变资本和剩余价值三个部分。在这一基础上，分析了资本主义简单再生产和资本主义扩大再生产的实现条件，阐明了资本主义的价值和剩余价值实现中的深刻矛盾。马克思从本质到现象分析了资本主义经济运动的全过程，解决了等量资本获得等量利润并不违背价值规律这一使李嘉图学派不能解决的难题，阐明了价值转化为生产价格，以及剩余价值转化为利润和平均利润

的过程，并进一步阐明了剩余价值在产业资本家、商业资本家、借贷资本家和土地所有者之间的分割。通过对资本主义经济结构和经济运动的全面分析，马克思证明了资本主义制度下经济危机的不可避免性，并且得出以下结论：生产资料的集中和劳动的社会化之间的矛盾必然达到同它的资本主义外壳不相容的地步，相应的是无产阶级和资产阶级之间的对抗日益尖锐，无产阶级革命必然爆发。马克思和恩格斯共同论证了资本主义制度的必然灭亡和无产阶级革命的必然胜利，指出了无产阶级的伟大历史使命就是埋葬资本主义和创建新社会。

恩格斯在概括政治经济学研究的历史和成果时，提出了狭义政治经济学和广义政治经济学的区别。只限于研究资本主义生产方式的发生和发展的政治经济学，恩格斯称之为狭义政治经济学。研究人类各种生产方式，阐明人类各个社会支配物质资料的生产和交换以及与之相适应的产品分配和消费规律的政治经济学，恩格斯称之为广义政治经济学。

马克思和恩格斯把政治经济学的研究扩展到资本主义以外的社会经济形态。马克思对资本主义生产方式以前的各种生产方式和比较不发达国家内与资本主义生产方式并存的其他生产方式进行了研究和比较。恩格斯关于原始公社和相继的社会经济形态的精辟的研究，也是广义政治经济学的重要成果。马克思和恩格斯依据共产主义必然取代资本主义的规律性，对未来的新社会作了科学的预测和论述，提出了共产主义将分为低级阶段和高级阶段的理论，并对社会主义和共产主义的基本特征作了原则性的推断。由于阐明了一些社会经济形态的特殊经济规律，又确立了为数不多的、适合于一切社会经济形态的共有经济规律，马克思和恩格斯成为广义政治经济学的奠立者。

1. 列宁对马克思主义政治经济学的发展

在资本主义从自由竞争占统治地位，发展到垄断占统治地位的时期——帝国主义时期，列宁创造性地发展了马克思主义政治经济学。

列宁对帝国主义的基本特征和深刻矛盾作了精辟的分析，揭示了帝国主义最深厚的经济基础是垄断，并依据 20 世纪初期帝国主义各种矛盾的激化，阐述了在垄断基础上产生的帝国主义的寄生性和腐朽性，指出帝国主义是垂死的资本主义，是无产阶级社会革命的前夜。列宁阐明了国家垄断资本主义是把垄断组织和国家的力量结合起来。但它并不能挽救资本主义制度，正好相反，国家垄断资本主义是社会主义的最完备的物质准备，它的出现只是表明社会主义革命快要实现。列宁分析了帝国主义时期资本主义经济政治发展不平衡规律，并由此得出社会主义可能在少数或者单独一国内获得胜利的新结论，从而科学地改变了马克思和恩格斯依据垄断占统治地位以前的资本主义作出的结论，即社会主义只能在一切或大多数文明国家同时胜利。列宁开拓了无产阶级取得革命胜利的新途径。

列宁在领导十月社会主义革命取得胜利以后，特别是在提出用新经济政策代替战时共产主义政策以后，依据苏联革命和建设的实践，提出并分析了有关社会主义经济的一系列原则问题。列宁科学地分析了俄国的多种经济成分和阶级关系，创立了新的过渡时期的学说。他指明了生产资料国有化和社会化的联系和区别，论证了建成社会主义社会的合作制道路，提出了经过无产阶级专政下的国家资本主义走向社会主义的计划，阐明了无产阶级专政下建设社会主义物质基础和提高劳动生产率的重大意义和主要途径；在重视社会主义思想文化建设的同时，强调了经济建设中的经济核算和物质利益原则，提出了社会主义阶段利用商品货币关系以及有关计划、管理、分配等方面的一系列理论原则。列宁对社会主义经济的认识是在实践中发展的，他提出的新经济政策是与战时共产主义政策不同的社会主义经济的新模式。列宁为马克思主义政治经济学的社会主义部分奠定了基础。

与列宁所处的时代大致相同，欧洲一些国家的马克思主义者，在政治经济学方面也做出

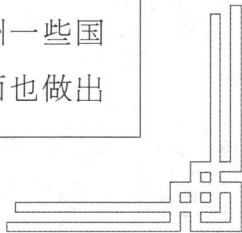

了不同的贡献。如 K.考茨基、R.希法亭、R.卢森堡等，都提出过一些有益的理论成果，但也包含着一些错误的论点。

2. 马克思主义政治经济学在列宁以后的发展

斯大林进一步论述了资本主义发展不平衡的理论和社会主义在一国或几国首先取得胜利的理论，提出了苏联能在资本主义包围下建成社会主义的理论。在社会主义改造和建设的过程中，论证了苏联实现社会主义工业化的根据、速度和方法，探讨了推进农业集体化的道路。斯大林还论证了社会主义经济规律的客观性及其特点，研究了社会主义生产的目的和实现目的的手段、国民经济有计划按比例发展、商品生产和价值规律在社会主义经济中的地位和作用，探索了向共产主义过渡的一系列理论问题。斯大林的这些研究和探索推进了人们对于社会主义经济的认识。除斯大林以外，苏联的经济学家在不同的时期也提出过一些有益的能启发人们思考的理论观点，但也出现过一些错误的理论。

3. 马克思主义政治经济学在中国的发展

以毛泽东为主要代表的中国共产党人把马克思主义的普遍原理和中国革命和建设的实践相结合，丰富和发展了马克思主义政治经济学。毛泽东根据中国的革命实践，并在概括中国其他马克思主义者的研究成果的基础上，分析了中国半殖民地半封建经济结构和阶级关系，区分了官僚资本主义和民族资本主义。并由此制定了新民主主义革命理论，论证了实现新民主主义革命后的经济形态是包含多种经济成分的新民主主义经济形态。这种理论分析，对于马克思主义政治经济学，特别是对于社会经济形态更替和演变的学说，是一种创造性的发展。这种分析说明：五种社会经济形态的更替，在不同地区或国家，不会呈现出单一的、彼此相同的状态，在不同地区或国家的具体的内部经济根源和外部经济条件下，会呈现出多

样的、互有差异的状态。由此就决定了革命会采取不同的斗争形式。

中国新民主主义革命胜利后，毛泽东等中国共产党领导人分析了新民主主义向社会主义转变时期的多种经济结构，提出了具有中国特色的改造农业、手工业和资本主义工商业的社会主义原则，并且采取社会主义工业化和社会主义改造齐头并进的方针，把变革生产关系和发展生产力结合起来，把社会主义改造和社会主义建设结合起来。在理论上和实践上都取得了许多开拓性的有益成果。

在20世纪50年代和60年代，毛泽东等中国共产党和国家领导人，还提出了许多具有重要意义的关于社会主义建设的理论观点。毛泽东认为社会主义社会仍然存在着生产关系和生产力之间、上层建筑和经济基础之间两种基本社会矛盾。毛泽东还分析了社会主义经济中的各种矛盾，提出了正确处理农业、轻工业、重工业之间的关系，正确处理国家、集体、个人三者之间的利益关系等一系列理论原则。

1956 年召开的中国共产党第八次全国代表大会文件概括地指出：社会主义制度在中国已经基本建立起来，国内主要矛盾已经不再是工人阶级和资产阶级的矛盾，而是人民对于经济文化迅速发展的需要同当前经济文化不能满足人民需要的状况之间的矛盾。因此，全国人民的主要任务是集中力量发展社会生产力。此外，周恩来强调经济工作必须实事求是，应该根据需要和可能，合理地规定国民经济的发展速度，保持国民经济比较平衡的发展。刘少奇特别重视社会主义改造中的各种过渡形式，还提出过许多生产资料可以作为商品进行流通和社会主义社会要有两种劳动制度和两种教育制度的观点。陈云提出过计划指标必须切合实际，建设规模必须同国力相适应，人民生活和国家建设必须兼顾，制订计划必须做好物价、财政、信贷平衡等观点。邓小平提出关于整顿工业企业，改善和加强企业管理，实行职工代表大会制等观点。朱德提出要注意发展手工业和农业多种经营的观点。在这一时期，中国的一部分

经济学家，在正确对待人口问题，强调发展生产力，重视利润和经济效果，适当处理经济发展速度和比例平衡关系，肯定商品生产、价值规律、按劳分配的作用等方面，都提出过有益的、中肯的理论观点。这些观点都是马克思主义经济理论和中国社会主义建设实践相结合的重要成果。但是，从 20 世纪 50 年代后期开始，由于经济工作上"左"的思想的干扰，使许多正确的理论观点并没有得到真正的贯彻。到"文化大革命"时期，错误的经济思想逐渐占据主导地位。被日后实践证明为正确的理论观点不但得不到重视，甚至受到不应有的压制和批判，以致在理论上和实践上都造成极大的混乱，使中国的国民经济遭受到极其严重的破坏。

"文化大革命"结束，受到深刻教训的中国共产党人和其他马克思主义者，开始总结社会主义经济建设中正反两面的经验。20 世纪70 年代末中国共产党十一届三中全会以后，中国的马克思主义者和广大经济学界，逐步开展

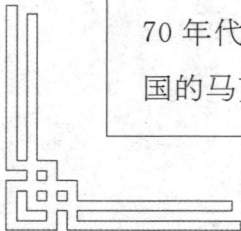

各抒观点的广泛深入的讨论，对于社会主义经济建设中的理论问题作了进一步的总结和探讨，取得了新的成果，主要有：总结出社会主义生产关系并不存在一套固定的模式的重要论断，提出了应当适合生产力发展的具体要求，在每一个阶段上创造出与之相适应和便于继续改进的生产关系的具体形式；重新研究了社会主义经济中商品生产和价值规律的地位和作用，肯定了必须大力发展商品生产和商品交换，实行计划经济必须充分重视价值规律的作用并适当利用市场机制；确定了讲求经济效益既要求用尽可能少的劳动耗费生产出尽可能多的产品，又要求产品符合社会需要、符合人民物质文化生活的需要。提高经济效益成为理论上分析社会主义经济运动和实践中一切经济活动的核心；明确提出了各个社会主义国家都应当探求出适合本国国情并具有本国特色的社会主义发展道路，等等。这些观点都丰富了马克思主义政治经济学社会主义部分的内容。在一系列理论和实践成果的基础上，中国共产党人

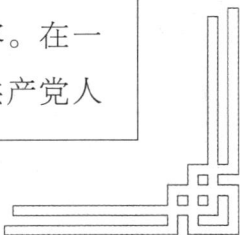

和马克思主义理论家在 80 年代又做出了新的开拓性的贡献。主要是明确了：中国在生产力落后、商品经济不发达条件下建设社会主义必然要经历长达上百年时间的社会主义初级阶段。现阶段的主要矛盾是人民日益增长的物质文化需要同落后的社会生产力之间的矛盾。为了解决这一矛盾，必须依据中国国情，改革严重束缚着生产力发展的僵化的体制。在建立具有中国特色、充满生机和活力的社会主义经济，以促进社会生产力发展的过程中，特别是在首先以农村为重点、逐步转向以城市为重点的经济体制改革过程中，总结出以下一些新的理论观点：进一步突破把计划经济同商品经济对立起来的传统观念，明确提出社会主义计划经济是在公有制基础上的有计划的商品经济（见社会主义商品经济）；强调了社会主义经济中所有权同经营权可以适当分开。这就开拓了探索社会主义社会的生产资料所有制的具体形式、特别是全民所有制的具体形式的新途径；发展了社会主义合作经济的理论，提出了农业联产承包责任制这个农村合作经济的新形式，并继续探索完善这一新形式的途径；深化了关于社会主义经济中贯彻按劳分配以及整个消费资料分配的研究，明确地提出社会主义社会成员的共同富裕不能理解为完全平均或同步富裕，否则必然导致共同贫穷。只有经过一部分人先富起来，才有利于社会生产力的发展和整个社会的富裕，以逐步实现社会成员的共同富裕；在世界经济联系日益密切的条件下，探索了坚持社会主义公有制占主导地位的前提下，允许多种经济成分并存和发展，以促进社会生产力的发展。

4. 马克思主义政治经济学在其他国家的发展

一些社会主义国家的马克思主义者，早在 20 世纪 40 年代末，迟至 60 年代中期，都在不同程度上结合自己国家的具体条件和经济实践，力求摆脱单一的固定的社会主义经济模式。这些国家的马克思主义经济学家，重新分

析社会主义改造和社会主义建设的发展过程，探索社会主义经济发展的规律，主张进行规模或较广泛或有限度的经济改革，以求得适合自己国家的生产关系的模式，加速社会主义经济的发展。在这一过程中，这些国家的经济学家提出了自己的研究成果。特别是关于正确认识社会主义所有制及其具体形式，关于处理计划与市场的关系，关于处理国家与企业的关系，关于认识社会主义经济中投资和消费的特点，关于把数量分析引入政治经济学的理论等方面，都有新的重要的进展。他们对丰富和发展马克思主义政治经济学的社会主义部分，都做出了自己应有的贡献。

西方发达国家和第三世界国家的马克思主义者和一部分经济学家，对马克思主义政治经济学也进行了自己的研究。但是这些研究具有比较复杂的特点：这些国家的马克思主义经济学家，越来越多地倾向于依据本国的国情，提出自具特点的经济学说；既存在把马克思主义理论同本国实际相结合以促进工人运动的倾

向，也存在脱离工人运动而进行学院性的理论
研究的倾向；有一部分人着重研究 20 世纪 30
年代以来新发现和发表的马克思的一些手稿，
强调"异化"概念在马克思经济理论中的地
位；有相当多的经济学家，重视把当代西方经
济学中的一些分析方法来阐述马克思的经济学
说；有一些经济学家按自己的观点或依据某种
当代的哲学观点，重建所谓马克思的经济理论
体系。以上的特点说明，这些国家中马克思主
义政治经济学的研究成果，既有新的有益的发
展，也夹杂有不少错误论点，需要结合实践的
发展来分析和辨认。

5. 在实践中进一步发展马克思主义政治经济学

在存在无产阶级的社会中，马克思主义是
代表无产阶级利益的，它是无产阶级政党制定
纲领、路线、方针、政策的理论基础，是无产
阶级和劳动人民为推翻资本主义和一切剥削制
度、为建设社会主义和实现共产主义而斗争的

强大思想武器。

马克思主义政治经济学体现着科学性与革命性的统一，理论与实践的统一。在当前人类社会生产力迅速发展和世界经济关系动荡曲折的进程中，在世界无产阶级革命运动不断深入和社会主义国家的经济建设不断发展的过程中，马克思主义政治经济学也必须有新的发展。

马克思主义政治经济学必须面向不断变化的经济现实作出新的分析和论证，它也必须面向当代各种不同的经济学说并进行分析批判以作出汲取或舍弃的抉择，因而在它的发展的某些阶段中必然出现众说纷纭、彼此辩驳的状况，并不断经过实践来检验正误，筛选出符合客观经济发展规律的论点。马克思主义政治经济学的不断发展，使它能恒久地保持具有生命力的更新和发展。当前，世界各国的马克思主义者都在结合自己所面临的革命实践和建设实践，对社会经济发展过程中涌现出的新现象和新问题，进行探索、研究和分析，努力作出科学的解释和论证，概括出新的理论结论。他们取得的有益的发展，都将为马克思主义政治经济学增添新的内容，进一步丰富和发展马克思主义政治经济学。

科学社会主义是马克思主义的组成部分之一。

为了同空想社会主义相区别，马克思和恩格斯使用科学社会主义这个名称，它有广义和狭义两种含义：广义的含义泛指马克思主义的科学理论体系；狭义的含义则专指马克思主义三个组成部分之一的科学社会主义学说。

它是关于无产阶级解放斗争发展规律的科学，即关于无产阶级所进行的斗争的性质、条件以及由此产生的一般目的的科学。无产阶级所进行的斗争的性质，就是要使自己从资本主义奴役下解放出来，彻底埋葬雇佣劳动制度；无产阶级所进行的斗争的条件，就是要使自己获得彻底解放，必须消灭阶级剥削、阶级压迫和阶级差别，消灭产生阶级的生产资料私有

制；无产阶级所进行的斗争的一般目的即最终
目的，就是在全世界实现共产主义，解放全人
类。无产阶级解放斗争的性质、条件和一般目
的这三个内容，是一个相互联系、不可分割的
整体，特别是作为条件的那些内容，既反映性
质，又决定目的。因此，科学社会主义可以简
述为关于无产阶级解放条件的学说。

科学社会主义是马克思和恩格斯于 19 世
纪 40 年代创立的。资本主义制度在西欧一些
主要国家的最终确立和资本主义基本矛盾的充
分暴露，是科学社会主义产生的经济条件；现
代无产阶级的形成，无产阶级和资产阶级阶级
斗争的尖锐化，无产阶级作为一支独立的政治
力量登上历史舞台及工人运动的空前高涨，是
科学社会主义产生的阶级基础；19 世纪初期三
大空想社会主义的学说，是科学社会主义产生
的思想条件或直接思想来源。

社会主义从空想发展为科学的关键是唯物
史观和剩余价值学说的创立。科学社会主义包
含极其丰富的内容，集中到一点，就是科学地

论证了社会主义必然代替资本主义的历史趋势，论证了无产阶级埋葬资本主义、建设社会主义和共产主义的伟大历史使命。

科学社会主义理论创立以来的历史证明，它的理论是正确的，社会主义具有强大的生命力。同时，它又不是一成不变的教条。它在指导实践的过程中，又要接受实践的检验，随着实践的发展而不断扩展、不断深化、不断丰富、不断完善。中国特色社会主义理论体系，就是科学社会主义在当代中国的新发展。

科学社会主义的产生有其社会基础和阶级基础。19世纪40年代，资本主义生产方式在西欧先进国家已占统治地位，随着资本主义的发展，资本主义内部矛盾日益尖锐，无产阶级反对资产阶级的斗争日益高涨。马克思和恩格斯参加了当时阶级斗争的实践。在此基础上，周密地研究了资本主义生产方式的矛盾，批判地继承了18世纪三大空想社会主义者——法国的圣西门、C.傅立叶和英国的R.欧文的思想成果，创立了唯物史观和剩余价值论，使社

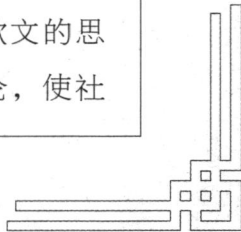

会主义从空想变为科学。1848 年，《共产党宣言》发表，标志着科学社会主义的诞生。1867年发表的《资本论》和 1875 年撰写的《哥达纲领批判》，对科学社会主义的理论原理进行了深刻的论证。

科学的社会主义理论，是综合人类一切文明成果、特别是社会发展理论与时俱进形成的，而不是以某一个人、某一本书为依据形成的。以某个人、某一本书为依据形成的，是宗教而不是科学；其实践结果，是宗教狂热而不是社会发展。知识经济时代，不但传统的公有制理论，而且传统的商品、货币、资本、劳动价值、经济增长方式等理论都面临着前所未有的挑战。由逻辑推演和实践发展两方面共同决定的科学社会主义的思想进程，必然要求我们不但要走进《资本论》，更要走出《资本论》；要使社会主义的规范性和科学性得以统一，经济学的科学性与主体性得以统一，就必须从经济学的对象、内容、方法、性质、宗旨方面作根本的改变，建立全新的经济学范式。

　　科学社会主义是关于社会主义的本质、性质、特征和发展规律的科学理论，是由科学的哲学、经济学、社会管理学、行为科学等科学理论组成的完整严密的理论体系，是人类关于社会发展理论的最新成果。科学社会主义与其他社会科学的区别在于它的综合性，与社会科学之王经济学的区别在于它的操作性与制度设计，与经济学中的制度经济学的区别在于对政府行为的制度设计。

　　社会主义之所以能实现从空想社会主义到科学社会主义的发展，就在于以科学的哲学、经济学理论为基础。从矛盾辩证法到对称辩证法是哲学科学化的必然结果，从物质经济学、知识经济学到对称经济学是经济学科学化的必然产物；而使经济与社会的对称本质、对称规律得以充分展现的全球性金融危机，则是使哲学科学化与经济学科学化统一起来的契机，是为对称哲学与对称经济学的必然产生开辟道路、使对称哲学与对称经济学产生的必然性得以实现的偶然性。对称哲学就是当今时代经济

学的形而上学——全球性金融危机说明：只有对称哲学才能使经济学真正实现从非科学向科学转化，只有对称哲学与对称经济学才能使社会主义真正实现从空想到科学发展。

科学社会主义的内容主要总结为三点：

第一点：阐明生产社会性和生产资料资本主义私人占有形式之间的矛盾的发展，必然导致社会主义取代资本主义，以生产资料的公有制取代生产资料私有制，科学地论述了资本主义必然灭亡、社会主义必然胜利的客观规律。

第二点：无产阶级和资产阶级的斗争是现代社会变革的巨大杠杆，无产阶级是作为资产阶级的掘墓人出现的。

第三点：无产阶级专政是达到消灭一切阶级和进入无产阶级社会的过渡。因此，在无产阶级专政条件下，要对整个社会进行改造，发展生产力，进行社会主义建设，逐步实现由社会主义社会向共产主义社会过渡的伟大目标。此外，科学社会主义科学地阐明了无产阶级政党在无产阶级革命和建设中的作用。科学社会

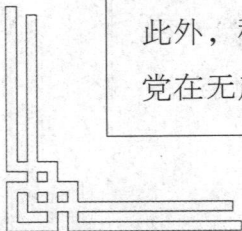

主义具有鲜明的实践性，与无产阶级革命运动联系最直接、最密切，是马克思主义理论体系的核心。

资本主义所有制建立在这样的基础上：生产资料被共同使用，生产部门被集体管理，发达的现代工业使生产日益社会化了。在这种基础上，资本主义所有制日益丧失私有制的特征；股份制的产生加速了生产的扩大，也使生产资料变为公司财产，使私有性质不断被扬弃的过程更为迅速。

集体使用、不能被分割的生产资料之所以能被独占、分割，是因为它是资本。资本主义下，生产资料的实物形态失去意义，仅被当成一个价值额。当生产资料为一个价值额，它既能被独占，也能被无限分割，生产资料已经与所有者失去了一切实际的联系，资本成为它们之间的唯一纽带，资本是现代私有制存在的最后理由。

资本是剥削工人的剩余价值，在单纯的商品交换中，双方遵循着等价交换的原则，取多

予少在自由竞争的市场中难以存在。如果资本家不取得更多，生产的规模又如何扩大？这当然可以通过技术进步引起的资本贬值来实现，可资本的贬值尽管可以使原有资本获得更大的购买力，使生产扩大，它却不能产生利润，而资本是为利润而生的。

利润意味着资本家获得的比付出的多，意味着一个差额，这个差额无须付出代价。这个差额不是在商品交换中产生的，更不是在真空中出现的。这个差额来自于剥削，意味着工人的获得与付出是不等量的，工人创造了这个利润。

当利润被投入到生产中，再次开始这个过程，实现自身的增值，这个价值就转化为资本。

当资本展开运动，不断地创造出剩余价值，它也就在同时创造出各种社会危机。它在群体、民族、国家之间引起了剥削、压迫、仇恨，制造了贫困、愚昧、暴力。它不断地扰乱社会生产的顺利进行，制造出危机，每一次危机都如一次巨大的瘟疫，使社会一次又一次陷入到恐慌与饥荒之中。而随着世界市场的发展，这些危机就像传染病一样在世界范围里蔓延开来，危机也就具有了世界性的特点。

尽管资本主义不断地通过自我调整，存活并成熟起来，但随着资本主义日益发展成熟，它继续调整的空间也就越来越有限。当危机日益表现出世界性的特征，引发全球性的生态危机、文化危机、战争危机，就必将导致政治危机。当危机无法在资本主义的范围内得到根本解决，对抗性矛盾发展到最高顶点，革命也就无可避免。

然而，资本制造了危机，同时又孕育了新的社会的因素，正如封建社会孕育了资本主义社会。

封建社会下发展了农业生产力，这使得一部分人从农业生产中解放出来，转变为手工业者；剩余的农产品造成了交换关系，形成了市场；日益发展的工商业催生了城市，在城市中出现了工场手工业和市民阶层，这成为现代工

业和资产阶级的前身；日益严重的土地兼并造成了大批农民的破产，他们转变为无产者阶级，圈地运动加快了这一进程。最终，随着一系列的资产阶级革命，资本主义确立起来。

资本主义也出现了类似的情形：资本主义完成了对人的第一次启蒙，使人摆脱了宗教、政权、迷信的思想控制；资本主义改造了国家的统治形式，民主成为政治常态；现代工业造就了现代工人，并使生产规模达到了与私有制矛盾重重的地步；农业生产日益工业化了，就日益消灭了工业与农业的差别，也就日益消灭了城乡差别；机械的发展使得消灭脑力劳动与体力劳动的差别终于可以成为现实。一句话，随着资本主义发展，大规模社会改造也就迫在眉睫。

资本孕育了这些因素，同时又是它们继续发展的最大阻碍。资本是资本主义私有制存在的最后理由，资本主义所有制是最完备的也是最后的私有制形式，消灭了资本，也就消灭了私有制。

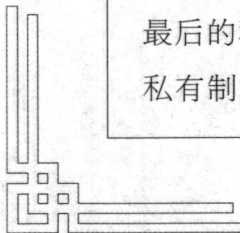

可见资本主义不过是历史发展的一个过渡阶段，是一定历史条件下的产物，社会主义的产生以资本主义为基础。

（二）马克思主义的内涵

马克思主义是中国共产党执政和社会主义事业建设的指导思想，只有对它进行比较全面和科学的把握，才能更好地对个人的工作、学习和生活起导向作用。然而现实社会中关于什么是马克思主义、怎样理解马克思主义的问题，一部分人还比较迷茫，知之甚少，因此在这里将从最普遍、最一般的角度进行简要的阐释。

马克思主义是工人阶级的世界观，是工人阶级认识世界和改造世界的思想武器，是工人阶级争取阶级解放和人类解放的科学理论，它是人类优秀文化成果特别是 19 世纪欧洲重大

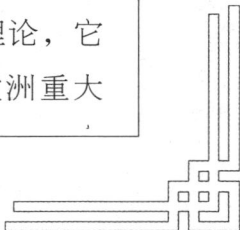

社会科学成果和工人运动相结合的产物。它的内容涵盖了社会的政治、经济、文化、军事、历史和人类社会发展与自然界的关系等诸多领域和各个方面，是极其深刻和丰富的。

从不同的角度，我们可以对马克思主义作出不同的回答。①从它的创造者、继承者的认识成果讲，马克思主义是由马克思和恩格斯创立的，而由其后各个时代、各个民族的马克思主义者不断丰富和发展的观点和学说的体系。②从它的阶级属性讲，马克思主义是无产阶级争取自身解放和整个人类解放的科学理论，是关系无产阶级斗争的性质、目的和解放条件的学说。③从它的研究对象和内容讲，马克思主义是无产阶级的科学的世界观和方法论，是关于自然、社会和思维发展的普遍规律的学说，是关于资本主义发展和转变为社会主义以及社会主义和共产主义发展的普遍规律的学说。马克思主义这一概念在马克思在世的时候就已经使用，是由一系列的基本理论、基本观点和基本方法构成的科学体系。它是一个完整的整体，其中马克思主义哲学、马克思主义政治经济学和科学社会主义是马克思主义理论体系不可分割的三个重要组成部分。

（三）马克思主义的特征

马克思主义从诞生到发展，表现出了强大的生命力，这种强大生命力的根源在于它的以实践为基础的科学性与革命性的统一。

这里的科学性是指它以客观事实为根据，以揭示事物的规律为己任，通过概括自然科学、社会科学和思维科学的成果，揭示了自然、社会和人类思维发展的普遍规律，从而为人类正确地认识和改造世界提供了科学的世界观和方法论。而革命性则集中体现为它的批判精神，它用唯物辩证法观察事物，在对现存事物的肯定的理解中同时包含对现存事物的否定的理解，反对把客观世界和人的认识绝对化、

凝固化，马克思主义哲学在本质上是革命的和批判的。

下面，从四个方面说明马克思主义的科学性与革命性的统一。

第一，辩证唯物主义与历史唯物主义是马克思主义最根本的世界观和方法论。

首先，作为世界观，辩证唯物主义关于世界物质性及其发展规律的观点，从根本上揭示了客观世界的本来面貌，现代科学也充分证明了它的正确性。马克思主义不仅揭示了人类社会发展的基本规律，而且还为我们提供了认识和把握事物发展客观规律的科学方法。马克思主义哲学和无产阶级革命实践以及各门科学的紧密联系，最突出和最集中的表现就是给予它们认识世界和改造世界唯一的科学方法论。辩证唯物主义与历史唯物主义之所以成为无产阶级的科学世界观和方法论，是因为它是完备深刻而无片面性的学说。正如列宁所指出的："马克思的哲学是完备的哲学唯物主义，它把伟大的认识工具给了人类，特别是给了工人

阶级。"

其次，辩证唯物主义与历史唯物主义也是马克思主义理论科学体系的哲学基础。彻底而完备的唯物主义哲学特别是历史唯物主义的建立，为马克思主义整个理论体系提供了根本的理论基础，所以列宁将其称为"科学思想中的最大成果"。马克思、恩格斯运用唯物史观的基本原理，着重剖析资本主义社会，揭示了资本主义经济发展的规律，形成了科学的剩余价值学说，揭示了资本主义剥削的秘密论证了社会化大生产与资本主义私有制的矛盾，得出了资本主义必然灭亡、社会主义必然胜利的结论。在此基础上，马克思、恩格斯又运用辩证唯物主义与历史唯物主义的基本原理，总结各国工人运动的斗争经验，提出了无产阶级历史使命，指明了实现这一历史使命的方向和道路，阐明了无产阶级革命和无产阶级专政理论以及无产阶级建党学说，从而创立了科学社会主义理论。

第二，马克思主义的政治立场。

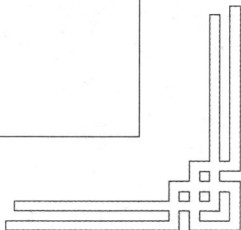

立场是什么？立场是人们观察、分析、处理问题的立足点和所持的态度。那么，马克思主义政党的一切理论和奋斗都应致力于实现以劳动人民为主体的最广大人民的根本利益，这是马克思主义最鲜明的政治立场。

首先，这是由马克思主义理论的本性决定的。马克思主义是在广大的无产阶级革命实践中产生、发展起来的，是无产阶级根本利益的科学表现。鲜明的阶级性和实践性是马克思主义的根本特性。马克思说过："哲学把无产阶级当作自己的物质武器，同样，无产阶级也把哲学当作自己的精神武器。"马克思主义第一次阐明了现代无产阶级是推翻资本主义制度的"掘墓人"、建设社会主义的领导力量，是革命最彻底最有前途的阶级。它使无产阶级真正地意识到自己的历史地位与作用，从而使无产阶级由自在的阶级发展为自为的阶级，自觉组织起来为本阶级和人类的解放而奋斗。从这样的意义上讲，马克思主义就是无产阶级立场在其斗争中的理论表现，是无产阶级解放条件的理论概括。

其次，这是由无产阶级的历史使命决定的。马克思对无产阶级的历史使命曾作了具体的阐述，指出无产阶级是一个被锁链彻底缚住的阶级，无产阶级没有任何私利可图，无产阶级革命和自身的解放同社会发展的规律、人类的彻底解放的必然趋势是完全一致的。无产阶级只有解放全人类，才能最后彻底解放自己。

最后，是否始终站在最广大人民的立场上，是唯物史观和唯心史观的分水岭，也是判断马克思主义政党的试金石。"历史活动是群众的事业"，决定历史的是"行动着的群众"。马克思主义第一次科学地阐明了人民群众在社会历史发展中的作用问题，认为人民群众是历史的创造者，人民群众的根本利益、意志、愿望体现了社会发展的要求和方向。而无产阶级的革命运动顺应了人民群众的基本愿望和要求，也就是顺应了历史发展的潮流。马克思主义政党的一切理论和奋斗，都应当致力于实现最广大人民的根本利益，这是马克思主义最鲜

明的政治立场，也是马克思主义政党先进性的重要体现。

第三，马克思主义最重要的理论品质。

坚持一切从实际出发，理论联系实际，实事求是，在实践中检验真理和发展真理，是马克思主义最重要的理论品质。这种与时俱进的理论品质，是 160 多年来马克思主义始终保持蓬勃生命力的关键所在。

首先，这种品质是马克思主义理论的本质反映。马克思主义理论的本质属性，在于它的彻底的科学性、坚定的革命性和自觉的实践性，其中，彻底的科学性是最根本的。马克思主义之所以能够历久不衰，永葆青春和活力，其根本原因就在于它具有彻底的科学性。而彻底的科学性是同理论的与时俱进紧密联系在一起的。在一定意义上说，理论上的与时俱进正是科学性的具体要求。

其次，这种品质是人类认识发展规律的具体体现。坚持一切从实际出发，实事求是，在实践中检验和发展真理，这是人类认识发展规律的基本要求。从这个意义上讲，与时俱进就要把握规律性。马克思主义经典作家从不认为他们的理论是一成不变的，而总是要求根据实践的发展和时代的变化丰富和发展他们的学说。马克思主义理论诞生后，马克思、恩格斯一直都是着眼实际，着眼历史条件的变化，以实事求是的科学态度对待自己创立的理论。早在 1872 年《共产党宣言》德文版序言中，马克思、恩格斯就指出："这些原理的实际运用，正如《共产党宣言》中所说的，随时随地都要以当时的历史条件为转移。"马克思主义与时俱进的理论品质告诉我们，如果不顾历史条件和现实情况的变化，拘泥于马克思主义经典作家在特定历史条件下，针对具体情况作出的某些个别论断和具体行动纲领，就会因为思想脱离实际而不能顺利前进，甚至发生失误。与时俱进就是马克思主义根据实践的变化，以客观规律为前提，不断超越前人和自己的认识过程。所以，认识规律、把握规律、遵循和运用规律，是与时俱进的根本要求。

最后，这种品质是与时俱进、理论创新的内在要求。创新就要不断解放思想、实事求是、与时俱进。实践没有止境，创新也没有止境。我们要突破前人，后人也必然会突破我们。马克思主义的发展，也是一个不断总结实践的新经验，借鉴当代人类文明的有益成果，在理论上不断扩展新视野，作出新概括的过程。实践基础上的理论创新是社会发展和变革的先导。当今世界和我们所处的时代，同过去相比发生了很多深刻的变化。无论从国际还是从国内看，我们都面临着许多新情况新问题，必须从理论上和实践上作出回答并加以解决，必须与时俱进，继续丰富和发展马克思主义。因此，我们要坚持马克思主义基本原理，又要谱写新的理论篇章，要发扬革命传统，又要创造新鲜经验，善于在解放思想中统一思想，用发展的马克思主义指导新的实践。总之，在实践基础上不断推进理论创新，使党的全部理论和工作体现时代性，把握规律性，富于创造性。这是与时俱进品质应有的内涵和社会前进的必然要求。

一部马克思主义发展史，就是一部马克思主义创新史。为什么马克思主义能够历经百年不衰而永存青春和活力呢？根本原因就在于它具有与时俱进的理论品质。在时代、形势和实践发生深刻而剧烈变动的情况下，能否与时俱进，便成为区别真正马克思主义、假马克思主义和反马克思主义的分水岭。

马克思曾说过："马克思的整个世界观不是教义，而是方法。它提供的不是现成的教条，而是进一步研究的出发点和供这种研究使用的方法。"

第四，马克思最崇高的社会理想。

实现物质财富极大丰富、人民精神境界极大提高、每个人自由而全面发展的共产主义社会，是马克思主义最崇高的社会理想。

马克思主义产生以前，人们企盼过宗教的或世俗的"救世主"，但从来没有过人类解放科学理论的真正阐述者。中外历史上出现过很多关于人类解放、救世救民的思想家，在中国

有持"大同"说、"小康"说的思想家，在西方有空想社会主义者，当今有各种各样人道主义学派，都企图设计社会理想的道路，但他们都没有找到解放人类的切实途径。马克思、恩格斯在揭示人类社会发展一般规律的基础上，运用唯物史观分析资本主义社会产生、发展和衰落的历史趋势，不仅得出资本主义社会必然为更加美好的共产主义社会所代替的论断，而且指明了共产主义社会代替资本主义社会的阶级力量和革命道路。

共产主义社会是人类有史以来最美好、最进步的社会。共产主义理想不是乌托邦，不是凭空猜测，而是建立在马克思、恩格斯对人类社会历史发展规律特别是资本主义社会基本矛盾运动规律的科学分析的基础之上，反映了历史发展的必然趋势。马克思主义崇高社会理想的确立，为无产阶级和人类的解放指明了奋斗的道路和前进方向，激励着全世界无产阶级团结起来，推翻资本主义制度，建立无产阶级专政，实现生产资料公有制，大力发展社会生产力，建设社会主义社会，并在此基础上，逐步创造条件，最终实现共产主义社会。

实现共产主义是人类历史上最伟大的事业，但又是十分艰巨的事业。马克思主义指出，共产主义不是脱离实际的学说，而是运动，是用实际手段来追求实际目标的最实际的运动。共产主义的实现要经历不同的阶段，在不同的国家、不同的历史阶段又有代表那个阶段最广大人民利益的奋斗纲领。我们共产党人必须坚持共产主义最高纲领和最低纲领的统一。实现共产主义一方面要求我们树立崇高的共产主义理想，坚定共产主义信念，为共产主义的远大理想而奋斗；另一方面我们更要把实现共产主义的远大理想与各个不同阶段代表人民利益的奋斗目标结合起来，脚踏实地投身于现实的社会主义建设之中。

马克思主义根本的理论特征、鲜明的政治立场、重要的理论品质、崇高的社会理想，包括了马克思主义的最基本内容，体现了马克思主义的基本立场、基本原理、基本观点和基本

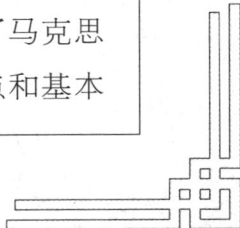

方法，是从总体上把握的马克思主义。今天，我们坚持马克思主义的基本立场、基本原理、基本观点和基本方法，就是要坚持辩证唯物主义和历史唯物主义的世界观和方法论，坚持实现最广大人民的根本利益的政治立场，坚持一切从实际出发，实事求是，在实践中检验真理和发展真理，与时俱进的理论品质，并把握和顺应人类社会发展的规律，树立为实现物质财富极大丰富、人民精神境界极大提高、每个人自由而全面发展的共产主义社会而奋斗的最崇高的社会理想。

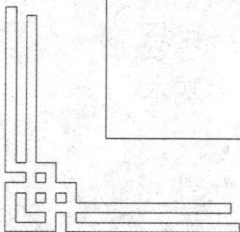

四、马克思主义在当代
世界的现实意义

（一）马克思主义对当代世界的影响和价值

马克思主义的当代价值，是一个理论学说的经世致用的问题。20 世纪 50 年代萨特指出"马克思是我们同时代的人"，当时正处于冷战初期，这样的声音尚不足以震撼世界，然而到了 20 世纪 90 年代，德里达大声疾呼"不能没

有马克思"的时候，世界形势正处于社会主义低潮期，却反而在西方文化界出现了一波又一波的"马克思热"现象。主要表现是：1995 年 9 月，为纪念恩格斯逝世 100 周年，世界马克思主义者在巴黎召开了首届马克思大会。1996 年 4 月，马克思主义大会在伦敦举行，来自世界各地的代表 6000 多人出席会议，前后共举行报告会、讨论会达 260 多场。1998 年 5 月，在巴黎召开"纪念《共产党宣言》发表 150 周年国际大会"，来自 60 多个国家和地区的代表，共 1500 多人参加会议。以至法国《人道报》刊文称道：从纽约到东京，从圣保罗到耶路撒冷，从新德里到伦敦，到处都奏响了《共产党宣言》的乐章。19 世纪末，美国剑桥大学的教授们，在校内推选人类纪元第二个千年的"千年第一学人"，投票结果马克思位居第一，爱因斯坦第二。美国广播公司曾进行过"谁是现今美国人心目中最伟大的哲学家"的调查，在全球互联网上公开征询投票一个月，汇集全球投票结果，仍然是马克思第一。华尔街金融

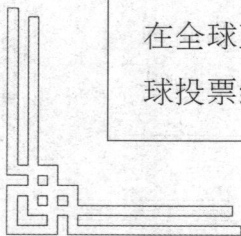

危机爆发后，进一步引发了《资本论》的热销，马克思故居也更加车水马龙，马克思主义思想再一次得到空前的重视和关注。

马克思主义是关于全世界无产阶级和全人类彻底解放的学说。它由马克思主义哲学、马克思主义政治经济学和科学社会主义三大部分组成，是马克思、恩格斯在批判地继承和吸收人类关于自然科学、思维科学、社会科学优秀成果的基础上于 19 世纪 40 年代创立的，并在实践中不断地丰富、发展和完善的无产阶级的思想体系。马克思主义是人类优秀文化遗产的产物。它主要是批判地继承德国古典哲学、英国古典政治经济学和英、法空想社会主义而创立的崭新的无产阶级思想的科学体系。

我们学习和坚持马克思主义，具有深远的当代价值和世界意义。

第一，学习和坚持马克思主义是尊重历史的需要。

马克思主义自产生以来，在世界历史上发挥了巨大的作用，极大地改变了人类社会的面

貌。它不仅使人类的很大一部分走上了社会主义道路，开创了世界历史的新方向，而且，它对资本主义严重弊端的深刻批判从反面促进了资本主义社会的自我调整，使现代资本主义国家中的社会主义因素明显增长，大大提升了整个世界的文明水平。

第二，学习和坚持马克思主义是尊重科学的需要。

这里所说的"科学"是广义的，泛指一切正确的、合理的、进步的思想理论，既包括工具理性（狭义的科学），也包括价值理性。马克思主义揭示了人类社会的一般规律和发展趋势，反映了工人阶级和广大人民群众的利益要求，提出了关于未来社会的美好理想，为我们指明了奋斗方向。反映一般规律的普遍真理是不可违背的，进步的价值取向是不可偏离的，对美好理想的追求是推动我们不懈奋斗的精神动力。马克思主义既有工具理性的意义，更有价值理性的意义。它可以为党和人民明确前进的方向和道路，为我们更好地进行改革开放和社会主义现代化建设、做好各项工作、加强自身修养提供科学的指导。这是我们现在和今后仍然必须坚持马克思主义的最根本的理由。

第三，学习和坚持马克思主义更是现实需要。

如果把马克思主义理解为一种批判精神和科学方法，马克思主义就不会被视为僵化的结论堆积，而是具有推进结论发展的内生机制，可以在实践基础上完成理论观点自身的新陈代谢，具有了与时俱进品格的马克思主义是开放的体系，是"活"的马克思主义，这样的理论自然是不会过时的，而且任世界如何风云变幻，这样的马克思主义都会给出自己富有时代气息的解释和指引。

总之，从历史、理论与现实三个方面的统一来看，我们必须继续坚持马克思主义。当然，这是指科学理解的马克思主义，特别是它的实践首先是以物质生产实践为基础的科学性与人民性相统一、求真理与求价值相统一的基本精神，即在尊重客观规律特别是社会规律的

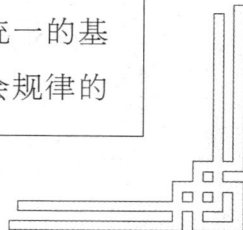

基础上，为绝大多数人（包括其中每个人）谋利益。

在金融危机的多米诺效应背后、在福岛核泄漏的艰难治理当中、在利比亚战争阴霾的笼罩之下，都可以看见资本贪婪的眼光和利益瓜分的算盘，马克思在《资本论》中已然预见到了他们的本性。反观今日之中国，自改革开放以来，我们用 30 多年光景几乎完成了西方国家 200 年奋斗历程的跨越式发展，港澳回归、奥运圆梦、民族复兴、大国崛起，每一步都在马克思主义理论指导下稳步推进，而当前存在的医疗问题、教育问题、"三农"问题、环保问题、交通问题等，都可以在马克思主义理论的框架内分析其症结，治理其痼疾，当然，马克思主义不是灵丹妙药包治百病，而是提供理论思维的方法和原则，理解马克思主义的当代价值不能离开历史的具体的客观形势，要因时因地因人而论，莫忘马克思主义活的灵魂是具体问题具体分析。

革命先行导师孙中山指出："马克思主义

是资本主义的病理学。"此话可谓言约旨远。起源于美国的世界性金融危机于 2008 年 9 月爆发后，马克思及其学说便频繁出现在西方主流媒体上，众多英国报纸纷纷刊登马克思关于商业和经济的研究文章，称赞他对经济繁荣与衰退的精妙分析。在美国，马克思也成了媒体关注的热点，学者们指出，现在的危机正是由资本主义所固有的缺陷造成的，现代金融业的发展，如证券和金融衍生品等，过去数十年在促进经济高速增长的同时，也直接催生了一系列不可避免的金融泡沫，其中最危险的就是美国的房地产泡沫，所以，当美国的房地产泡沫最终迸裂时，对世界的影响是如此深远而惨烈。为了克服或缓解自身内部的根本矛盾，发达资本主义国家中的社会主义因素也在不断增长，合作经济、福利政策、累进税制、劳资共决、宏观调控等，上述这些社会主义因素，有的是资本主义在其发展进程中自发产生的，有的是通过政府的政策调整出现的，还有的是通过工人阶级和劳动群众的斗争争得的，此外，

还有学习和借鉴社会主义国家的。当然，社会主义因素与社会主义性质尚不能等同。

罗素说过，马克思是"最后一个构筑大体系的学者"。确实如此，马克思的思想，包罗万象，思想内涵极为丰富和精湛。

20世纪以来，人文社会学科领域的发展趋势，一是高度分化，建立起各个分门别类的专业体系；二是一种"分析主义"和"解构主义"的倾向。因而没有再出现过像马克思、黑格尔、康德、斯宾诺莎那样"构筑大体系的学者"了。

不过，马克思虽然著作极丰，但其中属于马克思本人的创造，正如恩格斯在马克思墓前讲话时说的那样，只有两条：一是"历史唯物论"，二是"剩余价值理论"。从学术角度看，这两个思想创造的真理性，是经得起历史考验的。

这两条中，"历史唯物论"的真理性似乎更能得到大家普遍认可，当然，我们也不能认为"历史唯物论"就是认识与研究历史的唯一正确的理论。对于像历史这样复杂的对象、真理或者说"事物的本质",往往是多侧面的。一种理论,即使是正确的,也未必能穷尽对历史这种复杂的客观事物的研究。

(二)马克思主义对当代
青年成长发展的作用

作为 21 世纪的新青年,我们是沐浴改革开放的春风成长起来的一代。随着我们中国的改革与开放,在经济文化同世界的交融过程中,我们也时时刻刻在接受着外来文化对思想的冲击。可以说,我们 21 世纪的青年正是在这种世界各种文化纷繁交融、相互激荡的环境中成长起来的。所以,我们的思维意识形态,我们的世界观、价值观连我们自己都感到迷茫,更不用说,我们的长辈对我们的好奇与不解。在生活中,各种事件一件件一桩桩地出现

并敲打着我们的心灵。目前很多的青年甚至是在校大学生、大学毕业生都在迷茫徘徊，迷茫着自己为什么活着，徘徊着我们在追求什么。

我们需要一种心灵的支柱，我们需要信仰。

那么马克思主义是一个最正确的选择了。其实，也可以说，我们需要的是马克思主义来指引我们的生活，武装我们的思想。

马克思主义是前人优秀思想成果的继承和发展，它是辩证唯物主义和历史唯物主义的结合。历史唯物主义即社会存在决定社会意识，辩证唯物主义是坚持世界是运动变化的。马克思主义以客观事实为依据、实践为基础，来自实践，并在实践中不断获得丰富和发展。

马克思主义自其诞生以来就对无数的人们产生着非凡的作用，指引着一代又一代的广大青年在改造自己的主客观世界上、改进人与人的关系上、探求救国救民的理念上，以一种启明灯的姿态不断前行。马克思主义诞生一个多世纪以来，不断和其所处的时代相结合，而在

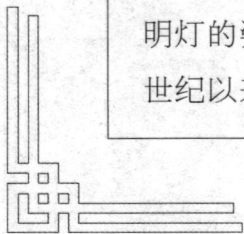

今天，马克思主义在指导我们青少年成长上依然闪烁着耀人的光芒。让我们在学习上始终保持着锐意进取的朝气，使我们在青少年阶段能更好地利用宝贵的时间完成学业，在将来我们走上社会工作岗位时能够运用科学的世界观和方法论来指导自己的社会实践活动。马克思主义哲学对当代青少年成长的意义非一言能概之。下面试浅析马克思主义对青少年的作用。

青少年时代是一个人价值观形成以至成为一个人的信仰的阶段。这个时段承载了青少年成长过程中太多的内容，被称为是具有潜力的时光。青少年对我们国家特别是我们发展中国家的作用自不待言，青少年能否健康成长关系我国的前途和命运。我国正处在社会主义发展的关键时期，而青少年就是关键时期的建设者。马克思主义哲学是恩格斯、马克思适应时代发展和实践的要求，在批判地继承和改造以往哲学优秀成果的基础上创立的，其唯物辩证法和历史唯物主义奠定了整个马克思主义的基础，为我们提供了科学的世界观和方法论，马

克思主义是时代精神的升华。

　　人无志而不立。青少年理应在美好年华和激情中实现自己的志向。价值观作为一种社会意识，是社会存在的反映，对我们的行为具有导向作用。我们提倡先进文化和道德，只有发挥它们的导向作用，才能使青少年知荣辱，才能使他们在生活中努力奋进，才能发挥在青年中的示范作用。胡锦涛指出，在我们社会主义社会里，要引导广大干部群众特别是青少年树立社会主义荣辱观。社会主义荣辱观是马克思主义旗帜鲜明的立场观点和方法的体现，也是优秀民族文化的凝练。我们青少年一定要树立社会主义荣辱观，追求真善美，作为我们明辨是非，为人行事的座右铭。社会主义荣辱观作为时代的马克思主义，对我们的指引作用是巨大的。我们以社会主义荣辱观作为行动指南，也是将马克思主义作为行动指南。比如青少年在经济上不独立，我们的开支几乎全来自父母和其他亲属。所以，我们提倡以艰苦奋斗为荣，坚决抵制奢侈浪费。马克思主义对于这一点有非常经典的论述，那就是质变和量变的关系。任何事物发展都采取质变和量变的形式。度，是保持事物稳定性的数量和界限，事物的发展都是量与质的统一，量和质的统一在度中得到体现。量变是质变的必要准备，质变是量变的必然结果，量变和质变是相互渗透的。因此，青少年在消费过程中一定要注意度的概念。由俭入奢易，由奢入俭难。

1. 马克思主义哲学有利于青少年树立科学的人生观

人生观是人们对人生的意义、目的和活动的认识和评价。马克思主义哲学认为，人生观作为一种社会意识，归根到底是一定的社会历史条件和社会关系的产物。当代青少年要认真学习马克思主义哲学，自觉抵制各种错误人生观的影响和毒害，树立共产主义人生观。

由于人的价值属于个人和社会的关系范畴，所以人的价值主要包含两个方面：一是社会对个人的尊重和满足，二是个人对社会的责

任和贡献。个人价值和社会价值的有机结合，便构成了人的价值整体。马克思主义认为人的价值首先在于奉献，没有奉献就没有索取，社会价值是个人价值的基础和源泉，是人的价值的主要方面。青少年应深刻认识、理解人生价值的含义，努力学习科学文化知识，将来自觉为社会主义建设贡献自己的聪明才智。

马克思主义哲学有助于青少年树立科学的人生观和价值观。辩证唯物主义认为：物质是第一性的，意识是第二性的；物质决定意识，意识反作用于物质；正确的意识促进事物的发展，错误的意识阻碍事物的发展。这就表明，人生道路是客观存在的，是实实在在的，而非什么"人生如梦，人生如戏"。因此，学习马克思主义哲学有利于青少年树立科学的人生观、世界观。

2. 精辟的矛盾观指导着我们的学习、生活和人生

马克思主义哲学认为事事有矛盾、时时有

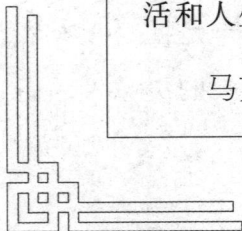

矛盾，矛盾贯穿事情的始末，伴随人的一生。那种没有矛盾的理想境界是不存在的，老子提出的"小国寡民"的理想国度也是不可能实现的。同样在我们的生活工作中也不可能避免矛盾，也不可能消灭矛盾，在生活学习中不可避免地会遇上这样那样的矛盾，当矛盾出现时有的人诚惶诚恐，有的人望而却步，不能直前，终日战战兢兢。而当我们学习了矛盾观，面对矛盾时就不会用"倒霉"、"坏运气"等之类的话语来安慰自己，而是用科学方法去解决矛盾、处理矛盾，使我们的生活学习适应矛盾的规律去进行，尽量规避矛盾给我们带来的负面结果。

在学习生活中青少年会遇到许多矛盾，诸如学习与休息之间，学生与老师之间，学生与家长之间的矛盾，当遇到如此多的诸如此类的问题时我们应当怎么解决呢？是一件接着一件地去解决，还是同时去处理这些在生活学习中同时存在的各种矛盾呢？当我们学习了矛盾观后，就会明白矛盾有主要矛盾和次要矛盾之

分，明白了这一点，在复杂的矛盾网中我们就犹如得到了一把利剑，斩断旁枝找到这个网中的主要矛盾。

矛盾观告诉我们，在关注重点解决主要矛盾时也不能忽视次要矛盾。俗话说"好钢要用在刀刃上"，"十个指头弹钢琴，十个指头都要动"就是对这个问题的一种诠释。同时，矛盾观也给我们引申出许多道理来，如，做事情要抓住重点这一重要理论，对我们而言，我们的重点就是学习，但同时也要认识到"十个指头弹钢琴，十个指头都要动"这个道理，兼顾其他存在的问题。

3. 马克思主义发展观指引着我们前进的道路

发展观告诉我们任何事物都是发展变化的，这就教会我们用发展的眼光去看问题，用发展的眼光去看自己。发展观告诉我们看一件事情，不仅要看到它的现在，也要看到它的过去和未来。放在我们学生身上那就是我们不仅

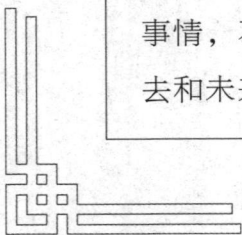

要看到我们目前的现状，还要用发展的眼光去看我们的未来，即我们的眼光不能只停滞在目前的校园的学习状态，还要思考如何用现在学习的文化知识去服务我们的未来的生活和实践。明白了这一点，我们就不会满足现状，安于享乐，而是奋发努力，树立终身学习的目标，以便能跟得上这个不断前进的时代。

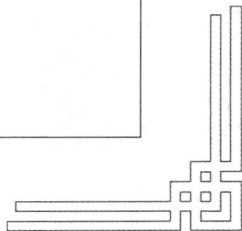

MA LIE ZHU YI CHANG SHI GONG MIN DU BEN

参考文献

［1］马克思主义基本原理概论（修订版）．高等教育出版社，2010.

［2］梅荣政．马克思主义中国化史．中国社会科学出版社，2010.

［3］汪华岳．新编马克思主义哲学原理（第2版）．高等教育出版社，2011.

［4］（英）特里·伊格尔顿，李杨、任文科、郑义译．马克思为什么是对的．新星出版社有限公司，2011.

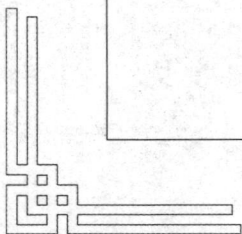